Trans+

有解

有一些事情需要了解

有解系列 01

風水與環境

作者：漢寶德
責任編輯：陳文芬
美術編輯：楊雯卉
法律顧問：全理法律事務所董安丹律師
出版：小異出版
台北市105南京東路四段25號11樓
TEL：（02）87123898 FAX：（02）87123897
e-mail:locus@locuspublishing.com
www.locuspublishing.com
發行：大塊文化出版股份有限公司
台北市105南京東路四段25號11樓
讀者服務專線：0800-006689
TEL：（02）87123898 FAX：（02）87123897
郵撥帳號：18955675
戶名：大塊文化出版股份有限公司

總經銷：大和書報圖書股份有限公司
地址：台北縣五股工業區五工五路2號
TEL：（02）8990-2588
FAX：（02）2290-1658

初版一刷：2006年5月
初版 2 刷：2014年12月
定價：新台幣250元
ISBN 986-82174-1-5

風水與環境

漢寶德◎著

目錄

第二章　風水宅法中禁忌的研究　103

附錄：陽宅內形、外形吉凶表　161

重刊序：風水與環境

自我開始研究風水，至今已經三十五年了，寫風水與環境這兩篇文章也已近三十年。世界經歷了瞬息萬變的一個世代，人類的文明進入高科技主導的世紀，風水這樣古老的觀念，還有流傳的價值嗎？

當我爲風水所困惑的時候，仍在理性主導的現代主義的時代。我以科學的精神、系統的分析去了解風水，自以爲掌握了風水的要義，但很坦白的說，我並不相信風水中的吉凶之斷，而把它當成傳統文化中的思想習慣與行爲模式。可是過去的三十年，世人已經自理性世紀進入感性世紀，對於超自然的現象開始發生高度的興趣。同時，西方的科學已經放低傲慢的姿態，不再視科學落後的文化爲迷信。相反的，有些西方人開始相信風水，視爲一種古老的智慧，與中醫的針灸一樣。

九年前，我爲了紀念先妻辭世，出版了這本書。由聯經代印，代售，卻是以蕭中行基金會的名義出版的。印書不多，幾年後就賣完了。這本書是當時出版的三個小冊子中，比較受讀者歡迎的一本。由於是舊作，我並沒有意思再版。幾年前，與大陸出版界熟悉的朋友介紹，天津古籍出版社出了簡體字版。爲了使讀者容易了解，甚至應用，由吳曉敏先生添了很多圖、表。兩岸之間雖不難溝通，但我不知道這本書的簡體版是否受大陸的讀者歡迎。

幾個月前，接到大塊文化出版公司陳小姐的信，表示看到了台灣的繁體字版，知道久未再版，他們有興趣重刊。這樣一本老書，能在台灣重刊問世當然是求之不得的。我也知道台灣的年輕學者研究風水者有之，但多小題大做，向學術上深究，採取環境架構觀的研究不多，所以這本書對中國傳統環境觀有興趣的朋友還是有些價值的。

大塊文化旗下小異出版決定按照繁體字版重刊，也就是未採用吳先生的圖表。對於了解文字的內容，那些圖表並無必要，我很高興使它回到本來的面目。

漢寶德

民國九四年冬

於世界宗教博物館

前序：風水與環境

民國五十七年我回國擔任東海大學建築系的系主任，同時開始設計幾座小型的建築，主要是住宅。這些住宅的業主是家岳父的朋友，我以哈佛畢業生的身分設計小住宅，自覺是牛刀小試。但是卻使我感覺到要用西方建築的學理，或創造性形式來打動他們，實在是太困難了。他們是成功的官員或商人，有自己的一套看法，要他們尊重建築或建築師都太無可能了。

這是我開始了解建築是一種文化現象的時候。我開始感到，如果建築是一種藝術，也屬於通俗的藝術。

就在那幾年，我為一位長輩所建的住宅，被他的朋友指為風水不佳。這是非常尷尬的情形。家岳父為了解決這個問題，特別請了風水先生去化解。最後雖然勉強通過，對我的影響卻是持久的。我知道只了解建築是文化現象還不夠，還要明確的知道這些文化現象的具體內容。我決心下一點功夫去研究風水。

為了請風水先生現身說法，我申請了東海大學的研究費，就在授課、系務行政與建築業務的繁忙生活中，分出些時間進行對風水的研究，讀了些古書，我對所謂風水有了初步的認識。東海的研究費花完了，但文章卻沒有繳卷，直到離開東海，研究的成果才消化，這時候台大城鄉所出學報，我就把初步的成果交他們發表。這就是〈風水——中國人的環境觀〉這篇文章的來源。

發表了這篇文章後，我就把研究風水的方向轉到更具體的風水禁忌方面。我覺得風水成為中國通俗文化的一部份，主要在禁忌怎麼流傳、演變，可能代表些什麼意思，都是我所關心的課題。

研究禁忌恰巧是對古代風水書上圖解的研究。這要花很多時間，不但要讀通，還要用現代的圖樣表現出來。就由路芃小姐負責把我的草圖畫為正式的圖樣，並加以整理。這些圖樣選自幾本具有代表性的重要的風水著作。寫完後，依然交台大城鄉所學報發表。

轉眼間這兩篇文章出版已有十多年了。回顧十幾年前在我研究風水的這段時期，也就是博物館生涯之前的我生命中最感惶惑的時期。此時先室蕭中行女士為了孩子的教育在美國居住數年，是我看到她一生中眼淚最多的階段。今天結集出版，使我回憶她每次與我離別時的傷感，在機場留我到最後一分鐘的情景。

兩篇文章雖已出版了十幾年，風水的研究似乎仍在發韌的階段，對後來的研究者仍有參考價值。希望這個小冊子的呈現可以使我寫出許久以來就打算出版的第三篇。

漢寶德

民國八十五年秋
於台南官田

第一章 風水——中國人的環境觀念架構

一、前言

我國自現代教育制度實施以來，風水就被認定爲一種迷信，一種進步的障礙，因此不被視爲可以傳授的知識。受現代教育的青年，包括建築師在內，對風水一無所知是很當然的。所以風水是現代化過程中被犧牲的我國傳統觀念的一部分。

我對風水發生興趣是基於兩個理由。民國五十七年，我爲一位長輩設計一座私宅，落成後，受到風水問題的困擾。開始時覺得只是一個笑話，後來發展的情形使我了解這是深植年長的高級知識分子內心的強固的觀念。在開始執行業務的初期，曾以不同的方式遇到業主對風水條件的要求，使我肯定了一個事實：即風水仍然是活在我們民間的「信仰」。官方雖然認定其爲迷信，官員們私下也是相信的。因此使我覺得，做爲一個中國的建築師而不了解風水，不僅不夠資格，而且不免困擾。我開始有了研究風水的動機。

對於中國人的環境觀念，我有很濃厚的興趣。民國六十年左右，我對這個問題已有大體的輪廓②。風水既然是活在現代中國社會中的一種觀念，就是不得不弄明白的一門學問。自古以來，風水是構成我們民族思想形態的一部分，在國人傳統行爲模式與生活觀念裡佔有重要地位。自民族文化學的觀點，這已經不是迷信的問題，是我們文化中不可分割的一部份。

我對台灣傳統建築的研究也不時遇到風水上的問題。風水通常用來解釋很不能了解的做法，使我發現不但不能幫助了解古老的建築，而且是一種搪塞的藉口。對於一個認眞的研究者，不了解風水是很嚴重的知性障礙，幾乎與研究英國文學不能通英文一樣。

實際上使我能夠進行這一研究，乃因東海大學在紐約的聯合董事會的協助。說起來這就是拜美國人的「中國熱」所賜。在當時國際人士對中國文化及其成就甚爲驚訝。針灸療術的成功使外國人對中國一切神祕古老的異術都感到興趣，而認爲有研究的必要。李約瑟的大部頭《中國之科學與文明》也大約出齊了。在這種氛圍下，基督教的組織出錢支助異教迷信的研究就可以解釋了。實際上，在國外的中國學者不少對風水的研究有興趣，只是因爲時、空的限制無法進行而已③。

何以風水對中國建築傳統的研究有不可缺少的重要性呢？因爲自明代以來④，風水實際上是中國的建築原則，風水先生實際上是中國的建築師。匠人們負責修造，是工程師與裝修家，也要符合與星象有關的尺法寸法⑤。但與生活環境有關的重要的決定，卻是風水先生負責安排的。如建築的方位與朝向，開門安灶與定床位等，今天的建築家認爲功能的部分，都與風水有關。

誠然，中國人的建築並非都是風水先生決定的；而今天的房子也不完全是建築師設計的。可是或多或少，房子的主人總風聞一些風水的原則。即使他不懂，熟練的匠人大多可以提供一些免費的忠告。這種情形與今天的營造廠商或包工向業主以建築家身分進言被接受是同樣的。風水先生們互相指責、批評的情形，與今日建築師相輕的現象亦大同小異。

但是今天研究風水，不能期望使之成爲一套有用的學問。有用，是的，但只限於對民族文化、行爲模式了解的一面，而不是職業性的一面。我們把它自紊亂的發展中找出一個系統，但很難找出它在這小系統之外，與科學、技術連上怎樣的關係。

我們也許會期望自此一研究中得到一些環境計畫或設計中合乎科學的原則，但自一套迷信或前科學的系統中找科學的原理，自不合邏輯的推理過程中找合理的原則，是需要很多羅織與附會的。這是很時髦的想法，如同東京工業大學的清家清教授所寫的《家相術》⑥，把風水上的一些說法歸之於實證的觀點，大多是附會的，禁不起嚴格的科學的考驗。

當然，這不證明風水完全不可能有科學的基礎，針灸到今天雖找不到科學的依據，其靈驗是無可否認的。今天的科學家至少有不排拒的雅量，即古人所說，「知之爲知之，不知爲不知」，也許我們的科學仍未發展到可以了解針灸的程度。我們不能向針灸挑戰，因此也很難向風水挑戰。

但是自一個研究者的立場著眼，對於風水之類非理性的推論系統，也許可以容忍其不合科學原則，卻必須自效驗中求得證實。針灸已爲大家所接受，即因對某些部位的治療，有屢試不爽的效果。而在風水的研究上，最遺憾的是，找不到這種靈驗的證據。

我們遇到的幾位地理行家，及所讀到的幾十本風水書作者，都是篤信風水的靈驗性的，他們大都能自經驗中建立信念。過去的著作者尤多表示曾遍走大江南北，覆驗名墳。他們在理論與方法上雖各持一說，但卻能言之鑿鑿。因爲風水的效果不能立竿見影，信念是非常重要的。

就我個人所接觸的風水師的說法，風水的效果只能以信念解釋之。我聽到很多風水靈驗的例證，但若自嚴格的邏輯去衡量，大多只能視爲附會。所以不論多嚴肅的風水師，總會予人某種江湖術士的味道。我所說乃基於信念者，因爲篤信宗教者乃以同樣態度對神意與預言的解釋予以採信。

就我個人的了解，風水是一個很有用的觀念，以了解我國人對環境的看法。我們自以爲是愛好自然的民族，也被外人認爲係愛好自然的民族；風水是我們對自然的看法。

二、我國士人對風水的態度

研究中國讀書人對風水的態度是很有趣的。因爲孔門的哲學不接受迷信，「子不語怪、力、亂、神」是儒者所持有的態度，也是中國古典的人文主義的基本精神。在這樣的思想背景下，風水這種神祕的自然觀是怎樣流行起來，終於成爲中國人思想的一部分的呢？

在《古今圖書集成》中介紹了幾篇古來讀書人對風水觀念的論辯，大體上反映了士人三種不同的態度，即反對派、贊同派與騎牆派。

先說說騎牆派。這一派人恐怕佔有士人中的大多數，具有代表性的言論，可以晉嵇康的〈難宅無吉凶攝生論〉爲例⑦。嵇康是當時的名士，爲竹林七賢之首，思想很雜亂，儒、道、陰陽無所不包。騎牆派大多是持有懷疑論的，他們既不能相信吉凶可以宅相來決定，也不相信儒家用以勸世的「積善之家，必有餘慶」的觀念。他們實代表了標準士人的理性主義的精神，既不輕信，也不排除其可能性。

首先他們不十分相信命運。嵇康說：

應曰：「此爲命有所定，壽有所在；禍不可以智逃，福不可以力致。吳布晨痛，卒罹刀鋸，亞夫忌餒，終有餓患，萬物萬事，凡所遭遇，無非相命。」然唐虞之世，命何同延？長年之卒，命何同短？此吾之所疑也。⑧

他們對於能否取信，要有證據才成。大多數的讀書人自古以來就是實證主義者，嵇康是很典型的代表。

藥之已病，其驗又見，故君子信之。宅之凶吉，其報賒遠，故君子疑之。⑨

可是他們只能「疑」，不能否定。因爲否定一件不能證實爲妄的事情，也不合乎一切取決於證據的原則。不能證實的只能「姑妄聽之」，不置可否。因爲他們知道在他們知識範圍之外的事實在太多了。這一點，他們的態度遠較西方的實證主義者合理，也就是基於這樣的心理，中國的知識分子才具有包容性，吸納了外來的宗教思想，嵇康把這種存疑的心理說得非常動人：

吾見溝澮，不疑江海之大；睹丘陵，則知有泰山之高也。若守藥則棄宅，見交則非賒，是海人所以終身無山，山客日無大魚也。論曰：智之所知，未若所不知，不可妄論也。⑩。吾怯於專斷，進不敢定福禍於卜相，退不敢謂家無吉凶也。⑪

正因爲大多數的讀書人持有這種態度，對於自陰陽五行家發展出來，流行於民間的堪輿術，雖不能說受到知識分子的歡迎，至少不會受到他們極力的排斥。而實際上大家都像嵇康一樣，默默的接受了。即使是在思想上較嵇康更爲純粹的儒者，同樣可以接受，因爲孔子所交代的，對於怪、力、亂、神，只是不加理會，不予追究而已，並不必要反對。因此儒家思想本身就有兼容並蓄的精神。

那麼爲什麼有些讀書人會反對風水呢？

反對的立場有兩類，第一類乃是理性主義的懷疑論者。他們不同於嵇康者，不過在態度上不願保留而已。不願保留的原因則著眼於迷信對於統治者有甚大的影響，使他們不務實、不愛民，在政治上避重就輕，並可藉辭推脫責任。這些人以戰國時代亂世的儒者為主，因為他們親見古典卜筮被濫用，生民因而受塗炭的情況，不免對支持卜筮的正統儒家提出異議。最有力的一段文字是荀子寫的，他說：

星墜木鳴，國人皆恐。曰，是何也？曰，無何也，是天地之變，陰陽之化，物之罕至者也。怪之可也，而畏之非也。夫日月之有蝕，風雨之不時，怪星之黨見，是無世而不常有之。上明而政平，則是雖並世起，無傷也。上闇而政險，則雖無一至者，無益也。⑫

荀子在同章中提到治亂與天象毫無關係，因為天象變化在禹時與桀時同，足證其無關⑬。這是對正統派的演說家思想的一種反抗。同樣的意見，亦見於非常理性，而帶功利主義色彩的韓非子。韓非把「用時日，事鬼神，信卜筮，物祭祀」看作亡國之徵⑭。

風水之術到了漢朝一定是相當發達了。所以東漢時的王充在其《論衡》中數次予以攻擊。王充的這幾段文字，不但使我們了解當時流行的程度，而且可自其中看到當時風水術的點滴。他們提出的幾點都是有關陽宅的。

李約瑟數讚王充為一懷疑主義者，是漢代有科學頭腦的人⑮。這樣的一位思想家，對宅相術自然是不能容忍的。他所提出的詰難，並沒有甚麼深刻的理論，也沒有與政治連在一起，只是簡單而直截了當的常識判斷，與今天我們所提出的問題完全相同。

比如宅相中很重門之方向，他就會問爲什麼門特別重要，堂與廳竟不重要。又如五行中的南方火之說，他會問，火都自南方來嗎？再如太歲不可相「沖」之說，他會說：「王者之位在土中也，東方之民張弓西射，人不謂之射王……。」⑯

這類問題看上去很簡單，用簡單的常識去推翻一套迷信的系統，是很不容易的，只要看明清以來的士人如何被牢牢的套在這系統之內，就可知道觀念上的枷鎖是多嚴重的思想障礙了。

到了唐朝以後，風水已經成爲中國人生活的一部份，但仍然不時有些讀書人對它發生懷疑，而且著論批評。唐朝的博士呂才，看到當時陰陽之術爲巫者利用以牟利，「……遂使《葬書》一術，乃有百二十家，如使吉凶，拘而多忌」⑰。照他的說法，風水之所以大爲流行，竟是因爲術者藉著大衆的迷信，因牟利而濫造了的。《葬書》今天認係晉郭璞之著作，當時竟有「百二十家」，幾乎是一個大騙局。新、舊《唐書》的〈藝文志〉中，有關堪輿的著作不過十餘種，這些「家」都是不登大雅之堂的了。

唐代以後反對風水的論調，與漢代以前不大相同。古代是自純理性反迷信的，只證明其不合理而已足。但唐代以來，儒家的思想支配了中國人的生活，故反迷信的論調大多以儒家的立場發言。換言之，他們不再完全自「理」上去反駁，而是自「禮」上去批評。對於他們，不合理固然是不對的，不合禮是更重要的理由。這一點，與韓愈反對佛教是站在同一立足點上的。

儒者反駁風水的理論有些麻煩。因爲到了唐朝，風水葬法已可附會儒家的經典，諸如《易經》、《孝經》等。比如《孝經》上說「卜其宅兆而安厝之。」使風水師們振振有詞。而選日擇時更是有古代典籍可徵的「禮」法。所以呂才在其〈五行祿命葬書論〉中，要批解葬法對古籍文意之誤解，表示古來的選擇均依禮，而非求吉避凶之意。比如古人安葬擇時，乃因「先期而葬，謂之不懷；後期而不葬，謂之殆禮。」或「選月終之日，所以避不懷也」⑱。

這種解說，使我覺得很類似今日的功能主義者，用環境的觀念來解釋風水的來源，反駁其「術」。卻承認其存在的價值。好像說，這些做法在古代原是很有意義的，到了近代，世風日下，竟由迷信隱蓋了原意，眞理遂不顯了。使他們生氣的，尙不是安葬無影響富貴之理，而是因爲葬者「敗俗乖禮」。選用好的風水安葬，爲的是發財做官，而有些荒唐的規定，甚至需要「莞爾而受弔」，實在有礙良風美俗之養成。

由於無益於「世道人心」，眞正的讀書人，爲了民族的利益，是頗深惡痛絕的。如司馬溫公「欲焚其書，禁絕其術」⑲。今天雖少文獻可考，相信持有此看法的人每代均有，只是屬於少數罷了。

到了明朝，有一位項喬先生寫了一篇〈風水辯〉，對風水術大加批評。他在文中引述了唐呂才的說法，肯定了儒家正統的立場，然而他的時代已是理學盛行的時代，單單是知識的、合禮的觀點已不足以服人，必須增加些理學的論點。他說風水之講求：

使人順性命之理耳，非謂福可幸求，禍可幸免也。⑳

所謂「性命之理」，就有些理學家的口氣了。項喬所指的性命之理大約是可以理解的，凡與人民的生活有關的「理」，不是形而上的玄理。他有一段文字說：

或曰此則天地之大數也，姑舍是以小者論之，寬閒之野多村莊焉，或風氣環抱，則烟火相望，或山川散逸，則四顧寂寥，歷歷可指數也，而子不信之乎？曰：此生地能蔭生人，予前已言之矣！然又有說焉：村落雖有美惡，其初原未嘗有人也。及人見村落環抱，乃相率而居之而成村莊，或遂村落能蔭人也。㉑

有人認爲地方的繁榮與風水有關，他是同意的，但他只承認好的風水是「生地」，能蔭生人。風水的意義用現在的話說，即適合人類生存的環境。這是相當新鮮的說法，一種不同於傳統界說的「理」。項喬慨嘆說：「謂有地理而無天理可乎？」就是把「好生之德」當作天理的，另一種儒家之闡釋。

自宋之後，葬書之大盛，與朱子的態度有關，朱子崇信風水之說，因使該術在統治階級中漸被公然接受。據說他「兆二親於百里之遠而再遷不已」。項喬大不以爲然，譏之曰：

> 嗚呼！其求之也力矣！何後世子孫受蔭不過世襲五經博士而已。豈若孔子合葬於防崇，封四尺，未嘗有意蔭應之求，而至今子孫世世爲衍聖公耶？㉒

批評雖然刻薄，然而朱子的行爲所留下的影響十分深遠，此類評語，可以發人深省。在朱子的思想支配官辦考試的時代，也是很不容易見到的。

最後我們談談贊同派。

自古以來，儒家並不反對占卜。孔子治易，雖然是研究天道變易的道理，卻也有延續遠古卜筮傳統的意思。到了漢代，儒者接納了陰陽家的說法，在觀念上已經可以接受風水了，所以相宅術就流行起來。到了後世，達官貴人們也理直氣壯的支持風水，就是本於周公、孔子的古訓。周公有洛邑之營，夫子有宅兆之訓，是明代以來的風水著作序言中常引用的。

> 古昔聖人握造化之樞，探陰陽之竅，仰視俯察，以闡天文地理之蘊㉓

這幾句話在意理上很容易把風水與《中庸》的儒家哲學連爲一體，把風水術的歷史推到三代以上。但要落實到風水與葬法的理論，還有一段距離。

李約瑟在談到風水的時候，引《管子》的話，「地氣與人之筋脈相通」，似乎在點出風水之理論基礎㉔，但該書的〈水地篇〉，開宗明義是這樣說的：

地者，萬物之本原，諸生之根菀也；美惡、賢不肖、愚俊之所生也。水者，地之血氣，如筋脈之通流者也。故曰：水具材也。

這段話的意思並沒有把地氣與人之筋脈連起來，只是類比水與地的關係爲血與人的關係而已。在觀念上，水爲地之血氣，特別是用了這「氣」字，與後世的風水論是相當接近，但充其量，這種思想只能看作風水發生的背景，尙沒有直接關連。又《管子》這本書，胡適之先生認爲產生於戰國末期㉕。可是讀其〈水地篇〉，似乎有漢朝五行陰陽家的意味了。該篇中說明各地區水性與民性的關係，係有人文地理學的看法，很值得深思的。

依我看來，正統儒家董仲舒可能是風水理論的鼻祖，他在《春秋繁露》的〈同類相動篇〉中有一段話，幾乎可直接導出《葬書》的原則：

……百物去其所與異，而從其所與同，故氣同則會，聲比則應，其驗皦然也。試調琴

瑟而錯之，鼓其宮則他宮應之，鼓其商則他商應之，五音比而自鳴，非有神，其數然也。……㉖

這段話說明萬物聲氣相投的現象，還沒有直接提到「氣同聲比」爲何有超自然的力量，下面一句就更清楚了：

非獨陰陽之氣可以類進退也。雖不祥，禍福所促生，亦由是也。無非己先起之，而物以類應之，而動者也。……㉗

爲了讀者比較上的方便，下面是幾句郭璞《葬書》上的話，可知其觀念爲何與上引諸文相通，郭璞開宗明義說：

葬者，乘生氣也。五氣行乎地中，發而生乎萬物。……人受體於父母，本骸得氣，遺體受蔭。經曰：「氣感而應，鬼福及人。」是以銅人西崩，靈鐘東應，木華於春，栗芽於室。……㉘

在《管子・水地篇》中，提出了大地爲生氣之原的觀念，在《春秋繁露》中，提出了氣同而相感應的觀念，而且把禍福相應的觀念也點出來了。《葬書》或更早的《青囊經》，只是把這些觀念利用到人體上而已。人體受之父母，父母與我之間互相感應，是最順理成章的推論。父母的本骸若能得到大地中的生氣，我爲上代之遺體必能受到這生氣的感應。《葬書》上舉的例子，銅山與靈鐘相應，木華與栗芽相感，不過進一步引申了董仲舒，「宮應宮，商應商」的意思而已。

這裡值得討論的是「鬼福及人」的觀念的產生。照《葬書》的文字推論，似乎乘生氣就是福。這是很難令現代人接受的形式。恐怕也是正統的儒者所不能默認的。以子孫的繁衍解生氣尙可以說得通，但是以榮、貴釋生氣就有些勉強了。這是典型的附會式的推理：自生煞之氣而吉凶、而榮枯、而福禍，終於沾著濃厚的世俗的色彩，脫離哲學的範疇了。

也許因爲這種迷信的色彩，所以《葬書》「自齊至唐，君子不道」㉙。到了宋朝，卻受到理學家的鼓勵，大大的流行。不但世俗之士深信之，政府上下，飽學之士也大多在「理」上接受。爲後世常常引用的文字是程子與朱子的話，而程、朱二氏都是根據孔子「卜其宅兆而安厝之」的話所發揮的。

程子說：

卜其宅兆者，卜其地之美惡也，地之美者則神靈安，子孫盛；若培植其根而枝葉茂。

他又說：

祖父子孫同氣，彼安則此安，彼危則此危。㉚

朱子說：

葬之爲言，藏也。所以藏其祖考之遺體也。以子孫藏其祖考之遺體，則必致其謹重誠敬之心，以爲安固久遠之計，使其形體全而神靈得安，則其子孫盛而祭祀不絕。㉛

連與朱子有異見的陸象山也有一段話：

通天地之曰儒。地理之學雖一藝，然上以盡送終之孝，下以爲啓後之謀，其爲事亦重矣！親之生身體髮膚皆當保愛，況親之歿也。奉親之體厝諸地，固乃付之庸師俗巫，使父母體魄不得其安，則孝安在哉！㉜

朱熹爲後世的風水家們崇拜，除了言論之外，也因有具體行動，他自己安葬父母，覓地甚苦，後世傳說甚多，而在正史上，他爲孝宗陵之擇地上了「山陵議狀」，因而丟官，是很有名的事。時在光宗紹熙五年，朱子已六十五歲㉝。這一次論戰，並不是爭執應不應該看風水，而是爭執看風水的原則。當時負責孝宗選地的官員持有老派的風水觀念，以「國音」取向㉞。而朱熹力主較有自然主義意味的，當時流行的風水擇地方式，即後期的巒頭派，朱子以大儒的身分爲風水理論宣揚，影響是很深遠的。

朱子能接受風水的觀念，今天看來，似乎很難置信，然而以宋理學的思路則是很順理成章的。在朱子之前，幾位學者，邵周、二程，已對天地自然與生命之理，做了很多玄學的思考，所謂性、命，所謂理、氣，已經成爲思想的遊戲，這些學者用來教授學生與世人如何修身養性。所以朱子相信鬼神與禍福，只是把它們歸納在理與氣的玄奧的解釋中而已。下面引用他的一些話，不必深解，讀者即可一目瞭然矣！

自天地言之，只是一箇氣；自一身言之，我之氣即祖先之氣，亦只是一箇氣，所以才感才應。㉟

數，只是冥氣之節候，大率只是一箇氣。……人之生活遇其氣，有得清者，有得濁者。貴、賤、壽、夭均然。故其參錯不齊如此。㊱

人之所生，理與氣合而已。㊲

（敬子問自然之數，曰：）有人稟得氣厚者，則福厚，氣薄者，則福薄。稟得氣之華美者，則富盛；衰颯者，則卑賤。氣長者則壽，氣短者則夭折。此必然之理。㊳

在這些引文中可以看出朱熹找到了一箇氣字，把它盡量擴張，包括了一切空幻觀念，氣是無形的，無所不在的。氣是有個性的，氣是動態的，如電、磁一樣有交流之可能，連絡之作用。氣帶有價值，故有正邪，有清濁，有厚薄，有長短，有華美與衰颯。而這些氣均投射於人身，轉換到人的身上，厚薄就與福有關了，清濁就與賢愚有關了，長短就與壽夭有關了，美醜就與富貧有關了。這是一種很武斷的三家村老夫子的邏輯，而朱子實其始作俑者。

朱子的這種說法，同時把「生氣」的觀念大加延展，即是「生氣」就可以人格化。這氣要推演起來，就強化了「生死有命，富貴在天」的人生哲學。因爲理是天命，氣是人命，地爲天人之媒介。人之賢愚、貧富，爲氣之所稟，氣又爲天所命，我們除了在大地這媒介上，找天命所鍾的精英之氣，還有什麼更好的，創造我們的命運的辦法？自宋以後，我國積弱，讀書人缺乏鬥志，耽於安樂，趨炎附勢，無非自風水的哲學基礎上來。這一點朱子當時恐怕沒有想到吧！

朱子之後，反對風水的人就很少了。大家意見的不同只是程度與派別的問題了。如上文所提元代的趙枋寫了〈葬書問對〉一文，可以代表幾百年來一般知識分子的看法。他是相信風水的道理的，但認爲因爲吉地難求，故一般的葬師並沒有「奪神功，改天命」的本領。吉地之取得非命也，乃先世之陰德也，這樣的看法勉強把風水之術與儒家崇信的修德以改福的觀念連結起來。

一般說來，他們都是多因素的崇信者，是折衷派，他們認爲葬地與積善修德、氣數都有關係。而君子「秉禮以葬親，本仁以厚德，明理以擇術」，以遂「性命之常，愼終之教」。葬親成爲一種多功能、多意義的行爲，可以一舉而數得，即使最理智的儒者也可以坦然接受而熱心的進行擇地計畫了。

趙枋在另一篇文章中則同樣支持風水上擇日的重要性。世人修德未能充分顯示在壽、夭、賢、愚，貧賤、富貴上，他不懷疑兩者間的關係，卻怪罪一般風水術士無知㊴。這種說法反而把風水看成執行儒家「獎善懲惡」原則的法官了，實在顚倒常理，然而元以後的讀書人逐漸有這類的看法。

在本節的最後，我引明代風水學者徐善繼的一段序言，可以了解讀書人如何把孝道、理學、甚至國策與風水連在一起，以自別於以風水爲生的術士。

> 擇地一事，人子愼終切務也。孔子有卜宅兆之訓，孟子謂比化者無使土親膚，程子有避五患之戒，朱子謂必愼必誠，不使稍有他日之悔。聖賢垂教，其愼如此，欽惟我皇朝以孝治天下，迄今二百餘年，聖聖相承……親親之教，視古尤加。試以生事死，葬禮之大焉，且事死如事生，而葬必慮夫親魄之安危。又天性有不可解者，豈惟拘之于彼術家所謂禍福之說哉。但死者既寧，則生者自昌，先正謂由根達枝，斯定理也。……㊵

對於他自己的著述，則說「上可以敷聖君賢相降及枯骨之仁，下可盡肖子賢孫厚本愼終之孝，吾儒窮理盡性，分內事也。」他把自己的責任與聖賢之教誨連結起來，希望讀者們不要把他當做普通的風水先生。只是兩者之間有什麼分別呢？

三、風水的古與今

風水的流行，如前所述，自漢代及其以前就開始了。但風水與我國文化的其他現象一樣，經過兩千年以上的演變，名雖存，實已不同了。我國人有述古的傾向，有託古的毛病，喜歡挾古以自重。因此對歷史的研究就非常重要，但也十分困難。

我國至今並沒有人寫風水術的歷史㊶，想來因爲讀書人並不認爲值得花這些時間。本節所談的「古今」有一點歷史的意味，但不是歷史，因爲我並沒有認眞的去研究風水的歷史，也沒有足夠的資料，寫不出可稱之爲歷史的文章，但近若干年來所涉獵的一些文字中，隱約可看出自漢代以來風水發展的大要。乃就我筆記所得，略加整理，寫出來供有志風水研究者參考。除了所謂「術家」之外，相信大家對演變之情形有所知是很有幫助的。

遠古的風水當然不可知了。

漢代已有風水，可自《漢書・藝文志》中列有堪輿的著作爲證明，當然前文中所引王充的批判則爲更具體的例證。後代謁託秦、漢的風水著作，如《青囊經》、《青烏經》等等宋代以前並無任何記錄。

自《論衡》中知道，當時的風水與今未盡相同，但大體的意思卻很接近。風水開始時即連結了時間、空間、人物三重要元素，形成一種禍福判定的系統。茲將王充所指出的幾點說明於後，以窺豹於一斑。

王充自現已不傳的「圖宅術」中，簡要的說明了當時的宅法。這兩段文字是這樣的。

宅有八術，以六甲之名數而第之。第定名立，宮南殊別，宅有五音，姓有五聲。宅不宜其姓，姓與宅相賊，疾病死亡，犯罪遇禍。

商家門不宜南向，徵家門不宜北向。則商金，南方火也。徵火，北方水也。水勝火，火賊金，五行之氣不相得，故五姓之宅，門有宜向，向得其宜，富貴吉昌；向失其宜，貧賤衰耗。㊷

第一段開始的一句很不容易明白，有兩個名詞，一為「八術」，一為「六甲」，今均已失傳。「六甲」尚可勉強用甲子、甲寅、甲辰、甲午、甲申、甲戌解釋。在王充之後約一千年的宋堪輿官書中，葬法的冢體、冢穴方向的吉凶判斷，有所謂「六甲置喪庭冢穴法」，將冢穴依六甲分為六類㊸。這可能是同類的名詞，其內容是否相同，已無法推斷。至於「八術」，更無從了解了。「八術」也許即八卦，因在同一來源。有所謂五姓「六甲八卦冢穴步數」，以度量墓地長闊與面積之吉數。但到了宋代，這「六甲」與「八卦」冢穴的意思，已經弄不清楚，所以張謙在注中駁批了當時過分簡化的新解。

自這幾句話看，定宅先以「六甲」之名數第之。第之就是予以次第，「名、數」的意義難解，在引之金代所註宋書中，「六甲」以一三七九爲數，是否漢代的原意，亦無法推斷，大概是自運算中得到一個數，有了數，就有了音律，屬不同的音。五音就是宮、商、角、徵、羽，宅主必有姓，而姓亦可分爲五聲。宅與姓之音必須相「宜」，不能相「賊」。禍福就是這樣判辨的。可惜他語焉不詳，除了生剋之外，我們無法知道如何才是相宜，如何算是相賊。

第二段就比較容易了解。在這裡他沒有提宅第的音律，只說五姓之音，知道了姓之音律，即將此音與五行比對，如商音爲金，金怕火，而南向爲火，就不可南向，向北爲宜，因北爲水，金水相生，這是很簡單易解的辦法，好像是後世納音五行之術。在這裡說明了五行生剋的觀念，已是風水系統的理論基礎了。

我認爲納音五行的直接使用，是古典的風水學，今已不傳㊹。《隋書》的〈藝文志〉中所載風水著作僅三種，尚有《五姓墓圖》一書。《宋史・藝文志》中堪輿之著作已多達七十餘種，出現大量託古之作，而五音地理仍佔有相當之份量。到南宋，這種正統的風水爲宮廷中崇信，故引起前文中所說朱子「山陵議狀」的激辯。朱子的見解在當時是一種新派的風水。我認爲就是朱子的力量把正統「五音地理」消滅了的。

我把納音說爲正統，乃因它與儒家的形而上的理論完全符合。董仲舒的看法我們已在前文談過，在儒家經典之一的《禮記》上，暗含著樂音與天地造化之間的關係，自這種形而上的觀念推衍到納音是很方便的。

天高地下，萬物散殊，而禮制行矣。流而不息，合同而化，而樂興焉。……樂者敦和，率神而從天，禮者別宜，居鬼而從地。故聖人作樂以應天，制禮以配地。禮、樂明備，天地官矣！㊺

又說：

……禮者天地之別也……樂者天地之和也。化不時則不生，男女無辨則亂升，天地之情也。及夫禮樂之極乎天而蟠乎地，行乎陰陽而通乎鬼神，窮高極遠而則深厚。樂者大始而禮居成物。著不息者天也；著不動者地也，一動一靜者，天地之間也，故聖人曰禮樂云。㊻

再推就到五行的協調了：

是故先王本之情性，稽之度數，制之禮儀，合生氣之和，道五常之行，使之陽而不散，陰而不密，剛氣不怒，柔氣不懾，四暢交於中而發作於外，皆安其位而不相奪也。㊼

再推下去，樂就是生命力了：

是故大人舉禮樂，則天地將爲昭焉。天地訢合，陰陽相得，煦嫗覆育萬物，然後草木茂，區萌達，羽翼奮，角觡生，蟄虫昭蘇，羽者嫗伏，毛者孕鬻，始生者不殰，而卵生者不殈，則樂之道歸焉耳。㊽

樂的力量可以保證生命的成長，難怪風水家會以音相和爲禍福之判斷。

不僅樂音之和象天地之造化，可感應人間之禍福，在空間與時間的觀念上，儒家的正統學術，《禮記》的〈月令篇〉已爲堪輿家立下範例。〈月令篇〉實際上爲天子在一年中的各季節，應住何堂，坐何樣的車，何色馬，乃至衣著、裝飾均有規定。這些規定除了與五行方位、色彩相關之外，看不出什麼明顯的理由㊾。顯然屬於一種原始時代王朝半宗教性的儀禮的遺留。《禮記》不是風水著作，所以不會說明如不照辦會有大禍臨頭，但早期文獻中「禮」字與占卜、鬼神等糾纏不清，我們可以假定當時的禮制是帶有禍福的現象的，是具有宗教性的強制性的。

是故夫禮必本於大一，分而爲天地，轉而爲陰陽，變而爲四時，列而爲鬼神，其降曰命，其官於天也。㊿

在王充的《論衡》中，提到當時流行的風水上的禁忌，與納音的系統性風水不完全相關，與今天的風水具有兩種性質是一樣的，系統性的解釋也許不合乎科學原則，但是一種前科學，有自圓的邏輯。禁忌則爲自民間無中生有的流傳起來的，而其影響力卻尤爲廣大。

他提到的一個例子是「西益宅」之忌。《左傳》上魯哀公曾就此忌問大臣，可見來源是很古老的，到漢時已流傳了幾百年了。「西益宅」即向西方新加建住宅的意思，爲什麼要忌這樣很普通的事，王充雖有義理上的解釋㊿，卻很難令人取信，只能把它看做古老的迷信，與後世宅向不可面對山牆是一樣的。

這是空間上的禁忌，後世流行的時空相關的禁忌，當時已流行了，即太歲不可移徙。他說：

太歲在甲子，天下之人皆不得南北徙，起宅、嫁娶亦皆避之……不與太歲相衝，亦不抵太歲之衝。㊿

太歲是木星，近代的農民曆上均以太歲爲凶方，不可重土與建築，而木星繞行，約十二年一周，乃以時間改換爲空間的禁忌。《論衡》上的說法與今天略異，但觀念是相同的。擇時是古來的傳統。

綜合以上的討論，即知漢代已有一種相當系統化的風水之學，根據儒家禮樂代表的哲理，及儒家所傳古代對方位與時間的占卜，這套東西很容易爲大衆接受，但無疑的，自上層社會的禮，下到民間，失去了嚴肅的形式，就成爲迷信了。知識分子居於兩者之間，態度是很曖昧的。

自漢而後，風水的發展只能靠一些推測。李約瑟說風水之說自三個時代開始成爲體系⑬。他的根據是管輅所著的《管氏地理指蒙》。該書收在《古今圖書集成》中，其年代實際上是完全不可靠的⑭。他又說，到第五世紀的劉宋時代，有王微其人，著《黃帝宅經》，今日尚存。此書亦收入《古今圖書集成》，但李氏所根據的資料與所下之論斷似很脆弱，《黃帝宅經》以我看來也是明人所託。

李氏接著說：「唐代有名風水家楊筠松所作之《青囊奧旨》，配合明代傑出術數家劉基所著之《堪輿漫興》，而達於高潮。」這是聊備一格的話。自唐而後的風水著作汗牛充棟，發展脈絡的爬梳整理，需要一段嚴肅的工作。

李氏懷疑郭璞對《葬書》的著作權。懷疑是有理由的。但與《管氏地理指蒙》、《黃帝宅經》比較起來，《葬書》的時代性較不成問題，大多數明代以來的堪輿家都承認《葬書》

的地位，雖未經現代科學的考據，他們可感受到在儒家與陰陽家、道家大融合的時代裡，產生這一篇文章是合理的，可以接受的。中國的讀書人有一種直感，有時去的不遠。比如很少人相信謁託漢人著述的《青烏經》與《青囊經》的眞實性。清初葉九升寫《地理六經註》㊺時，把《葬書》列爲卷首，可爲一證。《葬書》中引用了很多較早的著作，疑爲失傳之《葬經》。

據葉氏說，「舊傳《葬書》二十篇，西山蔡氏惡其訛錯之甚，定爲六篇，草盧吳氏，又病蔡氏之未精，又定爲內外雜篇。」但葉氏對吳氏之編訂亦不滿意，又「細加考校，復爲訂定，但詳其意義之序次，不復分爲篇章」。他承認得不到郭氏舊章的全文是很可惜的，但他認爲郭氏的此書「理玄而詞古，言簡而意多」㊻。

我認爲我們可以把六朝定爲《葬書》的時代，《葬書》正式確定了風水的哲學基礎，爲風水下了定義，爲後世的風水術定下了基本的價値觀念，雖然很多論斷是用「經曰」的口氣說出來的。

《葬書》建立了哲學與形相之間的關係。「葬者，乘生氣也。」可說是風水的理論基礎。而風水的定義則爲「氣乘風則散，界水則止，故謂之風水。風水之法，得水爲上，藏風次之。」㊼這段話的重要性，就是把很抽象的「生氣」的觀念，落實到可以觀察，可以捉摸的風與水，而好的乘生氣的方法，就是藏風、得水。

風與水都是自然界的事物，要藏風、得水就要有一定的地理的環境，「古人聚之使不散，行之使有止。」上句是指風，下句乃指水，就是提示了良好的山川形勢的法則。難怪後來的術家都被稱爲形家了。

自漢代流行的納音五行基本上是數的推衍，並未涉及於形，嚴格說來，還不能稱爲風水。到了六朝，南朝的地理環境，山水形勢，把乘生氣的觀念具體化了，站在山頭上，俯視丘陵起伏的原野，感到萬馬奔騰，大自然的氣勢萬千，所以「丘隴之骨，岡阜之支，氣之所隨。」「地有吉氣，土隨而起」，這樣生動的想像就產生了。

東晉以來，正是我國山水詩畫創生的時代。所以今傳之《葬書》是否全爲郭璞所著不甚重要，此種基於山水形勢的觀念與繪畫、文學上的觀念相通，可以互相參照，引爲證驗。我在數年前曾提到風水之形勢與陶淵明〈桃花源記〉空間構想的關係㊿。在繪畫方面，六朝所傳之作品不多，大英博物館所藏顧愷之作品，可顯示正以稚拙的表現方式，表達出當時的山水組合的觀念。自此而唐代，藏聚與圍護是我國畫家筆下山水的主要構成原則，李約瑟提到風水之發展與美學有關，是一種非常表面的、西方人的看法㊾。

《葬書》的時代地位，可以自隋唐以後的風水發展看出來，唐呂才在批評風水術時，用《葬書》一詞代表陰宅水，可見自《葬書》的原則發展而爲繁複、瑣細的術家之言，同時，唐代之後的〈藝文志〉，《葬書》均被列入，亦可旁證它是源遠流長的一本書。

風水到了唐代，情形大約如呂才所說，是很混亂的，連呂才本人居然也著有《陰陽論》㊿。所謂混亂，是自廣、深兩方面說的。廣，乃指當時的葬法可能與其他的星相占卜之術產生了橫的聯繫，因此在基本理論架構之上，增加了很多術法，使人眼花撩亂。我這些話是推測，但在《隋書・藝文志》中，已見有很多三元、九宮等著作，卻未見有《葬書》。這可能說明命相學較風水學發展早，並廣受大衆注意。我推想術家是身兼數業的，與今天的風水先生無異，橫的混淆幾乎是無可避免的，比如把元運、九宮等法用到風水中來，很可能始自唐代。

五行家本是自天文、曆象中來。漢代以來，我國正史一直把天象變化與人間的災禍連結在一起。這也是星相學的理論基礎。所不同的，史書所載，表示天象與國運或群衆禍福有關，而星相占卜則指其與個人之命運有關。術家要想出辦法來，把個人的資料與星象的流轉建立直接轉換的關係。這個過程是相當混亂的，後世的著作顯示非常分歧，無一定論。

唐代有兩位大天文學家，一爲撰寫《晉書》與《隋書・天文志》的李淳風，定下了三垣二十八宿的名稱，另一爲發現星宿移動的一行㉛，都被後人指曾撰寫堪輿著作。一行甚至被認爲假造後世風水理論的罪魁。因爲他故意假造學說以「滅蠻」㉜。天文學家是否崇信風水，今天很難推測，但後日風水術中，以各種層面結合天象，他們有某種影響是無可否認的。

自縱深的方面看，在唐代似乎已把《葬書》的原則性的說明，做進一步的引申，龍、砂、穴、向諸法具備，到達可以實用的程度。這個工作是由晚唐國師楊筠松所完成的。在正史中，楊既無堪輿著作列入〈藝文志〉，亦無事蹟記載。但後世的堪輿家均尊爲「謫仙」，每一派別均需上溯至楊爲其宗師。他的神奇事蹟，成爲民間的傳說。

在《江西通志》上，楊曾爲唐僖宗的金紫光祿大夫，黃巢亂時，攜宮中祕本逃往江西定居，潛心學術，傳授藝業，因而爲歷代宗師，開江西一派之先河。在後世著作中指爲出他之手的書籍至少有九種[63]，一般說來，《十二倒杖》與《青囊奧語》較廣受承認。不幸今天所傳的《青囊奧語》每本均有所不同。如葉九升所註與蔣國宗所註，僅有幾句相同，餘均南轅北轍[64]，因此爲後世作者依其己意刪改，假託楊意之情形甚爲嚴重。

《十二倒杖》是把《葬書》的觀念引申，可以「喝形點穴」，以幫助術者找出下葬的點。這是把理想的山水形式綜合而爲十二種，以便於識別。《青囊奧語》則結合了星象的吉凶觀念。如果我們接受它是楊的著作，則可以說，到了晚唐，具有包容性的一套新的系統已經出現。

從《古今圖書集成》的資料中，顯示自楊之後，形成一師承明顯的系統。楊之弟子有六人，以曾文遄最爲有名，著《青囊敍》，而曾之女婿即賴文俊，世稱賴布衣，著有《催官篇》或謂係宋人，想係唐宋之間者。又再傳弟子中，廖禹最爲有名，世稱廖金精，著有《十六葬法》。《江西通志》中亦稱爲宋時人。廖又有名弟子六人，均出於江西寧都。江西儼然爲風水術之總匯。古人對這一系統的時代不太理得清楚，如以楊爲唐末人，則其再傳弟子必爲五代人或宋人無疑了。總之，楊筠松在唐宋之間的江西派構成了風水術的主幹，寫出了大部分的風水著作。

到了宋朝，風水更加流行了，《古今圖書集成》中，宋之名家近唐之倍數，而《宋史・藝文志》中，堪輿著作有七十餘種，但令人驚訝的是，上引唐代的著作均不載⑥⑤。我推測也許因宋史爲元人所著，而元人所收之著作則多爲宋代，尤其是北宋、金朝宮廷中所藏。所以收入之著作多爲正統派之納音五行，而少江西派比較近期之作品。除了一些元運、九宮之著作外，《宋史》中出現了很多託古的著作，黃帝、孫臏、張良、赤松子等均出現，可見唐代以來堪輿著作之泛濫。

這個時代流傳下來的文獻，除了理學家們語錄中的片言隻語外，有一本現在國家圖書館善本室中的《重校正地理新書》，這是我所見到的，連繫漢唐與明清風水學的唯一可靠的典籍。從宋翰林王洙的序言看，《地理新書》是北宋仁宗命司天監等官員根據宮中地理舊籍，抉訛摘誤，修訂而成。爲了愼重，曾三度重訂，到王洙手上才完成，可以說是具有歷史地位的著作。

這書自徽欽兵災之後，官書失散，正本不傳。到金代，有畢履道者，「訪求善本」，加以訂正，增加了圖樣，最後由一位不做官的風水迷，將畢本再予校正，並參考了很多名士們的「家藏善本」補訂而成，所以更其書名爲《精加校正補完地理新書》。根據這些說明，可知這已不是宋官書的原貌了，好在張謙是一位很負責任的校書家，他在每一段文字之後都註明出處。如所採用的資料不出於官書，除註明外，並請讀者參官書之用，與官書所載不矛盾者才可以使用。

正因爲如此，本書除了保留了古典五音地理的風貌之外，可以看出當時風水禁忌與各種系統雜陳的混亂情形，序中指出，他已經是著眼於當時「野俗之流」，「只習一家偏見之文」，「傍門小說不根之語」，或「專排斥五音姓利」，收進書中的文字，態度算是很嚴謹的了。他所引的書，至少有數種是在《宋史．藝文志》中提到的。又本書在楊家駱編《金代藝文志補編》中分別以畢履道與張謙二人之名列入，實際張謙校正畢書而已，而《宋史．藝文志》中有《地理新書》，王洙著，共三十卷。

在第二節中，我們曾提到理學對風水之影響。理學家，自邵雍的圖書象徵之學，張載的《西銘》，到朱熹的義理之學，都與風水的哲學基礎出乎同源。風水家們得到了理論上的支持，更加理直氣壯，而理學家們先天就有相信風水的傾向。因此，到了宋代，風水在體用兩方面都很完備了。

《古今圖書集成》中所載托古的《元女青囊海角經》[66]，自易卦之解說開始，敍述全套的卦向吉凶，五行生剋的關係，可能是明代人的著作，但其圖象之理論爲自宋初理學易數所衍出，幾乎是毫無疑問的。這一套東西，後世稱爲「理氣」的，盜用了理學家喜用的名稱，實際上取代了古典風水術的納音法，演而爲納甲法㊼，成爲新的古典風水術的基礎，一直流傳到現代。

但是朱子一派的理學家，有窮理致知的觀念，對於外在的自然現象是很有興趣的。自觀察自然以求理之所安，在風水上，就會追隨《葬書》，走上山川形相的路子，自山脈水流中找理氣。這就是後世所稱「巒頭」派㊽。前文提到的朱子的「山陵議狀」乃以「葬書」的原則批評古典納音的原則。郭璞之於朱子，如同在文學上陶潛之於蘇東坡一樣，在思路與意趣上是一脈相承的，只是隔了一個積極的、進取的唐代而已。

到宋代，風水積近千年的歷史，已經非常複雜了。有葬書的山水論，有天文家的星象論，有八卦五行之說，有三元、九宮之理，有古典的五音地理。而這些論調又均因人而異，即使是絕頂聰明的風水家，也無法把一切理論都歸納起來，使無所遺漏，又不相牴觸。而術家的聚訟紛紜，莫衷一是，可以想像其混亂之情形。

相信風水的讀書人一直在反抗這一大混亂的情勢，那就是走《葬書》的路線，以山川形勢爲主體。據說爲唐人卜則巍所著的《雪心賦》，是一篇非常動人的文章，以性情描述山水，淋漓盡致，是否爲後人所假托或刪改，甚難辨明，清人孟浩爲之註，並辨之。他說：

論曰：「俯以察地理」。察則詳於觀視，道眼、法眼之稱，都從「察」中生出耳，地理者，條理也，即文理脈絡之理也。山脈細分縷析，莫不各有條理之可察。自羅經製成，方位之說立，始以地理之理，溷爲方位之理。……⑲

這是標準的道學家的看法，相信朱子會同意的。但中國人是兼容並包的民族，每有一說法出現，常被收納到既有系統中，宋代是融合佛道與儒學的時代，純以「巒頭」爲理路的風水，恐怕僅限於少數人。

元代的趙枋，在其《葬書問對》中有幾點看法，對於風水的發展有所啓示，而且說明了當時讀書人的立場⑳，第一，他認爲《葬書》不一定出於郭璞之手，但「乘生氣」確實是葬理之所在。第二，五行與形法有關，爲乘生氣之機，肯定的接受了五行的體系。第三，方位之說非《葬書》之旨，始於閩。又表示方位不知何所起，盛於閩贛。第四，他很看不起方位之術。他認爲以方位擇地，如以人相術相畜，不倫不類。他又認爲「方位者，理晦而事易」㉑。

在問對中，趙枋提到「中原土厚水深，地不可擇。江南水土淺薄，不擇之患，不可勝道。」這一點可以意會到《葬書》爲擇地法，產生於江南的道理。（古典的納音實際上只是向法。）自擇地而講求形勢，遂於山林文學與山水畫異途同歸。他們強調的是一個「擇」

字。

明初的學者劉基也是葬書的崇信者，他寫了一篇〈堪輿漫談〉說明他的態度⑴。他同時也旁證了宋元以來卦例之風盛行的情形。他說：

堪輿要領不難知，後要崗來前要溪。穴不受風堂局正，諸般封例不須疑。
諸般卦例不須疑，穴正龍眞便可處，水不須關有案拱，綿綿瓜瓞與人期。

劉基不僅是風水的信仰者，而且是職業風水師，所以他的著作才用偈語體，以便後人背誦記憶。

但一般說來，明代的風水術是走集大成的路線。凡前代有著作，有理論的，就一體納入。正式把風水術劃分爲三部份，即形法〔巒頭〕、向法〔理氣〕、日法〔擇時〕⑵。到了明代，集大成的著作就問世了。《明史・藝文志》中，列堪輿書籍二十五類，顯然不過當時著作的九牛一毛。如何知道呢？因爲這二十五類竟與清初《古今圖書集成》所收的二十類沒有幾類是重複的。而明末出版的《地理人子須知》中載有參考書約八十種，亦僅有少數與明史重複。《明史》與《古今圖書集成》的著作年代是差不多的。從兩書中均見有集成式的著作。在葬法中，《明史》列有《地理人子須知》、《地理天機會元》這種大部頭的著作，而《古今》中則收有文字比較簡約，而內容涵蓋相類的《元女青囊海角經》與《管氏地理指蒙》，在宅法方面列有《陽宅十書》中甚至包含了符咒。眞可說包羅萬象，早已超出風水原有的範疇，顯示了文化末流的徵象。明末賊寇之亂大熾時，崇禎帝恐慌之極，下令挖掘米脂李自成之祖墳⑬，可以具體說明風水的影響力，以其深透統治階層的程度。

風水成爲迷信大成的東西，自然引起知識分子的惡感，而知識分子不理睬風水的固然不少，大半均半信半疑，甚至有揷手予以整理者。讀書人比較能接受的風水觀念仍以《葬書》中的「形法」爲主。然而在明末，有蔣大鴻其人者，揚棄唐末以來繁複、雜亂的術士之說，直接上推至《周易》，與邵、張等圖象理學家連上關係，使用先天八卦與六十四卦討論向法。這是傳統知識分子玩弄數字遊戲的典型例子。到了淸代，有蔣國宗其人，編《地理正宗》，繼續發揚蔣大鴻之說。該書有周六松之序，可說明蔣氏一派的看法。

> 地理之學安親之要道也。……宋元以下，諸說爭鳴。而楊曾傳授心法，旋而隱晦。自《地理辨正》〔大鴻之著作〕數論宇內，百家之作庶漸寢聲。時之能不惑於詖淫邪遁之辭者，林陵之力也。……地理之道，莫甚於易；山川衍底，伏羲畫卦象之也。……⑭

這一派雖然後起，卻有相當的影響，即今人所謂三元地理。但是蔣氏的理論未必爲大衆所接受，卻很快爲業已浮濫的風水術所吸納，成爲與傳統葬法同樣複雜而不易了解的法術了。近代以三元爲名的風水著作不少，卻很少有完全相同的。

至遲在明末，風水的「術」已到了繁雜不可收拾的地步，因此「有心之士」就研製了「羅經」⑮。「羅經」之用實即將風水上向法之一切規定集中於一盤，中置南針，便於察看。所以羅經有三十餘環之多，鮮有術士能熟記者。傳統「羅經」有兩種，一爲三合羅經，即明代集大成之羅經，但至遲在清初，三元派亦繁複至於製作羅經之程度⑯。

很有趣的是純形勢派與易卦派雖處於相敵對的地位，由於都反對浮濫的迷信與粗淺的法則，所以也有相同之處。他們都歸宗於理學，相信一個「氣」字。這在陽宅上面特別明顯。他們都反對流行的「大遊年訣」⑰，而主張「開門納氣」，與「宅相端方」的說法。

形勢派的孟浩說：

陽宅有重大門者，以大門爲氣口也。……人之門正，便於順納堂氣，人物出入。⑱

易卦派的蔣大鴻說：

第一要訣看宅命，虛處動來實處靜。空邊引氣實邊受，命從來氣天然定。

第二要訣看宅體，端正周方斯爲美……⑲

風水到今天，已經完全成爲術士的天下了。認眞的讀書人已不再涉及實用風水的研究，而社會的風氣，則因經濟的富裕日趨迷信。風水先生已爲一可以致富的途徑。因此祕術以

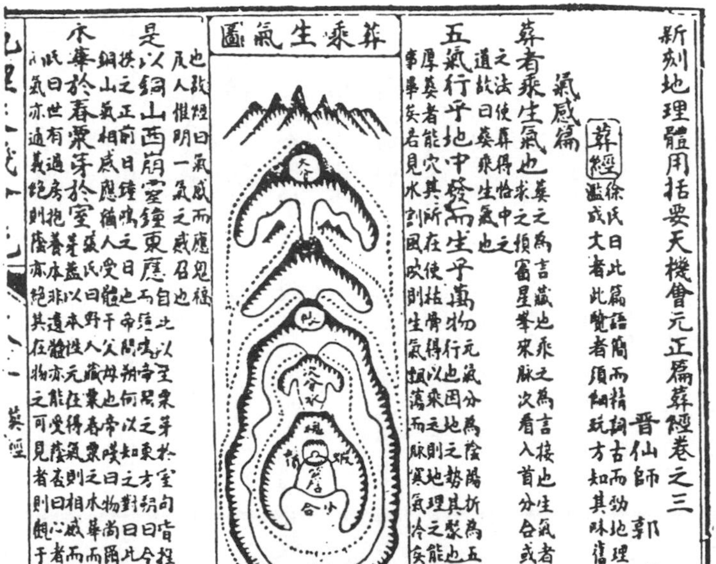
新刻地理體用括要天機會元正篇葬經卷之三

晉仙師郭璞著

明

葬經

氣感篇

葬者乘生氣也

五氣行乎地中發而生乎萬物

葬乘生氣圖

人受體於父母本骸得氣遺體受蔭經曰氣感而應鬼福及人

是以銅山西崩靈鐘東應

木華於春栗芽於室

丑集

圖 一

資料來源：新刻地理體用括要天機會元正篇葬經卷之三

自高身價的風氣十分嚴重。各家之言多出自創，絕少理性的根據。風水在今天形成十分混亂的局面，與古老的其他傳統如醫道一樣，在江湖術士與儒者之間，使人甚難分辨。

四、巒頭——自然的概念架構

前文說過，以郭璞《葬書》爲傳統的風水，發展爲山水派，而且爲一切風水術的基礎，後代稱這一部份爲「巒頭」，亦稱「形法」。這巒頭的觀念，事實上構成中國人爲自然環境的一種概念性架構，說它是中國人的空間觀念亦不爲過。以我看來，這是中國文化中最重要的精神元素之一。

所謂巒頭，在字面上是指山脈起伏的形勢，有山脈之起伏，就有河川之流轉⑧⓪。由山脈與河川構成各種不同的自然景觀，在這多樣的，動人的景觀中，風水家們找出了一種基本形態，認定其環境形相與生氣間的關係。因爲郭璞說，「葬者，乘生氣也」。中國人並不是不欣賞大自然多變的景象。但那是詩人與畫家所醉心的境界，是藝術的境界，未必是有生命的可以乘生氣的環境。巒頭所代表的自然景象對藝術的影響，是到清初才顯出來㉛。

風水家們把自然的景象，看爲宇宙生命現象的呈現，把山勢的起伏看成活生生的動物。他們用中國人最崇拜的「龍」來形容，「龍」就是山脈。把山脈的脊線飛躍，槃伏跌宕的感覺予以生動化、戲劇化，是中國人禮讚自然的特有的方法。

有了這樣生動的觀念去觀察自然，就感覺天地間有一股不可遏止的生氣，潛藏在大自然間。這股生氣，凝而爲點，如同靜息的火山口一樣，是活力之泉源，風水家稱之爲「穴」。自古以來，中國人就把自然界的「穴」與針灸學上的人體的「穴」視爲同類。「穴」是不容易覓得的，因爲大自然用盡辦法維護它的生命的根泉，而巒頭派的風水家所致力的，就是要找到生氣蓬勃的龍脈，然後在層層保護之下，找到這胎子，所以說：

〔氣、理……〕體賦於人者，有百骸九竅，形著於地者，有萬山千水。自本自根，或隱或顯。胎息孕育，神變化之無窮……地靈人傑，氣化形生。[82]

他們把「穴」視爲胎息，把地與人連結在一起了，「地靈人傑」的觀念反映了傳統「天人合一」思想的一端。有靈氣的自然環境，產生偉大的人物，是中國人自古以來的信仰。歷代流傳下來的胎「穴」的神奇故事眞是罄竹難書，而風水家們對「穴」的檢定有專書討論[83]。

事實上，尋「穴」的原則，就是觀察有生氣的山川形勢的準則，大自然圍護「穴」的局面，就是中國人爲去世者尋葬地，爲在世者求宅地的理想環境。這些原則是《葬書》中定來的，他說：

夫陰陽之氣，噫而爲風，升而爲雲，降而爲雨，引乎地中爲生氣。㉞

這是解說生氣何以與風、水相關。接著，他提出了風水術的基本原則：

經曰：「氣乘風則散，界水則止，故謂之風水。」風水之法，得水爲上，藏風次之。……古人聚之使不散，行之使有止。

這一原則說明這胎息所在生氣之源所以必須衛護的道理。要藏風、要得水。藏即避風，以免把生氣吹散，得水即聚水，因生氣遇水即止。在龍脈騰躍迴轉，流水蜿蜒的大自然中，找到藏風聚氣之處，就是生氣之穴的所在。這樣的所在，大約在山脈近乎末梢，枝角廣布的地區，所以他說：

夫氣行乎地中，其行也因地之勢，其聚也因勢之止。葬者原其起，乘其止……勢來形止是爲全氣。

如放棄古代幼稚的說明，用現代環境的觀點來解釋，風就是空氣的流動，水就是河川、溪流。這兩者在自然環境中都屬於動態的元素，與靜態的山勢成一對比，環境的滋養生命的條件乃由空氣與水來決定。藏風止水，對空氣而言，其意義不會暴露在勁風激流之下，因而形成一種平靜、溫和的生存環境。對水而言，意義是不傾流直瀉，因而形成一蜿轉而滋養的生存環境。所以《葬書》上說「形止蓄，化生萬物」。

《葬書》的作者並沒有把理想環境構成的實質勾畫得十分清楚，只提到「環抱」的觀念。但是在前文中我們提到，六朝是發生這樣理想山川形勢的時代。這也是陶淵明寫他的〈桃花源記〉的時代。風水家所構想的福地，實在就是桃花源記中的樂園。它是一個理想的國度，在群山環繞之中，而屏障嚴密，颯烈的山風到此化爲溫馨的氣息。這山巒之間，河川緩緩蜿蜒，阻止了山勢，開拓了盆地，也滋養著盆地中的沃土。這裡不是急湍的峽谷，故不會沖刷兩岸，帶走美壤。尤其理想的條件，則是對外交通不易而孤立世外的桃源，所以風水家說：

入山尋水口，登穴看明堂。㉟

「明堂」就是指這盆地。他們所希望的是一個很狹窄的水口，一個很廣闊的盆地，他們希望「明堂容萬馬，水口不通舟。」㊱而陶淵明的故事中所說正是這樣：

晉太原中，武陵人捕魚爲業，緣溪行，忘路之遠近，忽逢桃花林……復前行窮其林，林盡水源，便得一山，山有小口，髣髴若有光。便搭船從口入，初極，纔通人，復行數十

步，豁然開朗，土地平曠，屋舍儼然，有良田美池桑竹之屬……⑧⑦

在這柳暗花明的境界中，必有一點爲靈氣所鍾，生氣所聚，凝而爲「穴」的。

像這樣一種生氣環境觀念，古人有很多比喻來說明，前文中提到過「胎」。如用現代人的眼光看，「胎」或者子宮，或女性生殖器，都是最恰當的比喻，但是古人因忌而未加申論。而他們可以用近於「胎」的花蕊來比喻，也是很恰當。卜則巍說：

重重包裹紅蓮瓣，穴在花心。紛紛拱衛紫薇垣，尊居帝座。⑧⑧

這花蕊是未來生命結實的所在，這圍繞的山脈，只是層層花瓣，所以風水家們都稱之爲「結作」。

在他們的心目中，山脈與一株樹沒有兩樣。其主幹粗糙，但雄壯有力，可輸送生命到枝葉。健康而有生氣的樹木，才能有高揚的生命力。纖小而瘦弱的樹木所含的生命力亦微弱。然而花木生命之所聚乃在結蕊開花之處。出現生命奇蹟的尖端，其枝葉是鮮嫩的，是秀麗的。自粗壯的主幹到花蕊之間，一株樹要經過層層的粗幹細枝。此枝節愈小，則素質愈嫩，襯托著鮮艷動人的花朵。卜則巍說：

根大則枝盛，源深則流長。要龍眞而穴正，要水秀以沙明。⑧⑨

這樣去看自然環境是很智慧的。山石嶙峋的主脈是一種奇觀，卻不適於居住，它的意義只是在形成源遠流長的河流。主脈一定要經過幾次跌宕，自石山落到土山，風水家說，把殺氣脫卸，成爲可以孕育生命的場所才成。山脈漸落到平洋，也就是水流漸匯爲江河的所在，丘陵起伏，脈支迴抱。這裡林木葱鬱，山川秀麗，鳥鳴花開，蟲獸棲息其間，才是有生氣的環境，所以高山峻嶺之中，很難找到福地。

在風水家的心目中，這「穴」結作的形狀也如同花朵，花梗自主枝上長出，如龍脈自「祖山」起層層跌落。風水家所謂「過峽」，「入首」，乃指山脈到收尾處下伏，然後揚起成丘。這時「氣脈緊縮」而聚集，凝而爲「穴」，如同花萼下之細收頭，這一主脈在入首的前後，必須有層層護衛，內向彎轉擁圍，以免「受風」。

讓我們談談山、水之間的關係。

以《葬書》爲主的山水派風水，乃以山爲討論的對象。山爲龍，爲氣。外國的學者很重視「水龍」，因爲他們不能掌握風水的自然環境觀。而在表面上河川彎曲近龍，使他們比較容易接受以水爲龍的觀念[90]。其實「水龍」之說大概產生於明代，是因爲江南一帶，水渠穿流，而少山嶺，故以水代山。「水龍」遠不如「山龍」有哲理的意味，具有環境整體的觀念。

自地理形勢上看，山、水與陰陽相同，是並存的。山脊之存在乃由排水之谷所襯托；

水流之存在，乃因山脊所界定，所以龍脈盤旋之處，亦即水流蜿蜒之地，所以有這樣解釋。所謂水者，不一定是有形的河流，而是指雨來時的水流，即今日所說的排水線。《葬書》上「龍界水則止」的觀念是很有道理的，山勢停住的原因正是排水線繞過，有了這樣正確的概念，風水家們在一片平原中仍然可以看出龍脈之所在，而不需要現代測量儀器。凡是水繞過的地方，必然是隆起之點。所以雖然持水龍說的人批評正統的理論㊿，大部分人仍然是遵從所謂郭璞的看法。

理想的福地大概是到了山脈的末梢，山勢平緩，山嶺犬牙交錯，山谷排水道曲折，水流速度大減，經久而逐漸淤爲盆地的地方。這裡可能是很多排水道集中之處，匯而爲主流而出海或匯入更大之河流，河川在盆地中曲折蜿蜒，緩慢流過，出了這範圍又奔流起來。只有在這種情形下，群山圍繞之中，才有沃野可言。

反過來說，如果某地之水入處爲一條河流，竟分數口流去，或雖未分流，開口寬闊，如大肚溪、大甲溪口，則必沖刷而無蓄。水來則一片汪洋，水去則石谷嶙峋，是沒有甚麼生氣可言的。不用說做爲人類定居的環境，或祖先藏骨之處，即使花木、鳥獸都很難棲身。所以短促、急湍的河流不會有福地。風水家說，「水走之玄莫問方」㊾，就是希望水流緩慢，如一條河流能如「之」字或玄字形前進，如同台北盆地的基隆河，則可不考慮方向問題，必然大吉大利了。

這樣理想的境界，可能初創於六朝，愈到後代，空間的架構愈爲明確，逐漸脫離了實質環境的意義，形成一種中國人宇宙的縮影，一種概念的空間架構。《葬書》中只提到圍護的觀念，提到龍、虎兩翼的觀念，至遲到宋朝，今天我們所了解的巒頭架構就完成了。朱子曾向他的學生說明北京在古代爲首都的氣勢，就是用這架構來解釋的。

由「祖山」層層下跌到盆地，這胎穴在一個小平台上，後面必然有靠山，是與高大的山脈連在一起的。面對著盆地，這盆地亦是愈廣大愈好。盆地上的水流繞穴前而過。左右兩翼有僅次於後山高度的護衛：青龍白虎；在比較大規模的局面中，龍虎可能有多重。這還不夠。自胎穴的所在地前望，遠處必須有山嶺屏障，使水流出去時曲折而行，水可藏風。這類屏障在近處者不可太高，所以稱爲「案」。

對於希望了解中國傳統「天人合一」觀念的人可能很高興知道，風水中的「巒頭」的結構，有很強烈的「人間」的意味，我們國人觀察自然環境不是完全客觀的看自然，而是以人爲出發點，這是我國人文主義精神的一部分。

要理解自然環境時，我們不自覺的以人所站立的位置爲中心，建立自然景物與我們之間的相對關係。所以我們心目中「藏風聚氣」的所在，就是一把舒服又安全的安樂椅。靠山就是靠背，左右的圍護等於臂靠。盆地爲明堂。如同椅前的空間，以便舒服的伸開雙腿。「案」即几，是座椅前不可缺少的附件。

如果我們比較這一空間架構與傳統中國住宅的關係，就覺得擬人的意義更明確，台灣三合院的正身與護龍實際上是身體與兩臂的關係，擁圍著院庭。院落實即「巒頭」中的明堂，在大門必有影壁，即等於明堂遠處的案山，以免「直沖」，使水流曲折。很有趣的是，台灣的農村大宅常有多重護龍⑬，爲大陸所未有，特別符合此一空間架構的觀念。我必須說明，風水中的宅法並沒有強調這一觀念，而有另一套價值系統。正因如此，愈覺概念空間對民族思想行爲的重要性了。

我們判斷地理的構成，不但在形勢上是擬人的，而且完全依賴目光判斷。風水家走到現場，並不用測量儀器，也不參考航照圖，而是靠視線判斷。因此在視覺上可能產生的偏差很大，受透視的影響，距離的判斷很不正確。在風水術中的「砂」，即龍身構架主體之外的一些山頭。據風水上的說法，它們對穴之吉凶有很大的影響⑭。但它的影響與否，完全視其能否「照」穴。所謂「照」，就是用人眼可以看到的意思。一個根據人體坐姿所臆造的環境，又用眼睛去測度，就是合乎「人類尺度」的理想環境架構了。

這樣的環境觀雖未必能與我國的詩文精神完全符合，但與我國後期園林藝術確屬同一原則；曲折的、隱藏的、懸奇的空間觀念貫穿於環境的美術中，成爲中國精神具體表現的重要的一部分。

讓我們用台灣的例子來說明風水巒頭原理，如何在實質上與概念上把環境與禍福連在一起。依照風水家觀察「龍脈」的走向，我國的山脈自崑崙山而下，分爲三支，台灣雖爲一海島，卻可說是南支中的尾端，南支是長江與粵江的分水嶺，自川黔而東來，蜿蜒於湘贛、粵桂之間，到福建的武夷山俯瞰東海[95]。台灣不是漂在大洋中的孤島，那樣就沒有福澤可言了。台灣是南支龍脈自武夷入海「過峽」再昂首躍起所形成的寶島。

自風水上看台灣的條件就再明白也沒有了。台灣島「過峽」躍起時打橫收身頓住，回首顧主[96]。又因「祖山」力長，奮起的高峰插入雲霄，爲東南亞第一高山，福力雄厚、深長。

這些話解釋成可以了解的語言，只要有反面說明就可以了。台灣如不過峽自然就不能成爲海島，不用說美麗的寶島了。「過峽」可以脫「煞」，成爲秀麗的形貌。大陸上南支的山勢龍蟠虎據，氣象雄偉，如金門太武山，但談不上秀麗。如果台灣連在大陸上，不過是南脈之枝腳，就談不上成大器了。

台灣島躍出水面後，與大陸海岸線路略呈平衡狀，是轉身的姿態。轉身而似回頭遙望大陸上的祖山，由於轉身，台灣的龍脊在東，平原在西，面向大陸。很顯然，這是決定台灣爲寶島的基本環境條件。它不僅造成了大陸合一的局面，只要推想台灣西部平原改到東部，會成甚麼情狀，就可知此一條件的重要性。若本省的農業區暴露在常年海風侵襲之下，或在未經中央山脈阻隔的颱風肆虐之下，還有甚麼寶島可言呢？又如果這龍勢順行打住，沒有打橫，又會有甚麼結果呢？必然在中央山脈的兩側受風，全島無可聚蓄之處，也就無理想的生聚之處了。

中央山脈高聳是台灣有別於一切亞熱帶海島的特色。它不但使本省包含了各種氣候的地區，而且屏障了西部平原，使島上龍脈起伏，枝腳糾結，在實質環境上出現了變化，形成了大小不同的各種「福地」的局面。設若我們的台灣如同一般海洋島嶼，則其情況可與目前澎湖比較，必然是禿山濯濯。即使沒有海風肆虐，亦必如南海島嶼，經年潮濕，或瘴澤瀰漫，大家只好住在樹枝上，摘果子爲生，還有什麼發展可言。

風水家大多認爲台北市是台灣島上最大的福地，做爲我們的戰時首都，眞是再恰當不過，而且在形勢上保證了我們光輝燦爛的前途。怎麼解釋呢？

以玉山爲脊的中央龍脈，起伏騰躍，向北方奔去，到了北部分爲兩支，一走宜蘭、基隆，轉而向西，自金山至陽明山，至圓山入首，外支則到關渡起頓而壁立。另一支走苗栗、新竹北上，略向東轉，形成一列山，再迤邐東向，到觀音山入首，與關渡隔淡水河形成對峙的局面。這兩支在進行中，均「披甲、帶庫」，沿途形成了不少的小局面，在近台北平原時，北投、天母一帶及木柵、永和等地，均爲形勢大好的福地，結「地」連綿。但眞正的大地乃台北盆地本身。⑨⑦。

新店溪會淡水後，河面加寬，蜿蜒曲折，形成盆地的主體，同時也形成台北市正向之

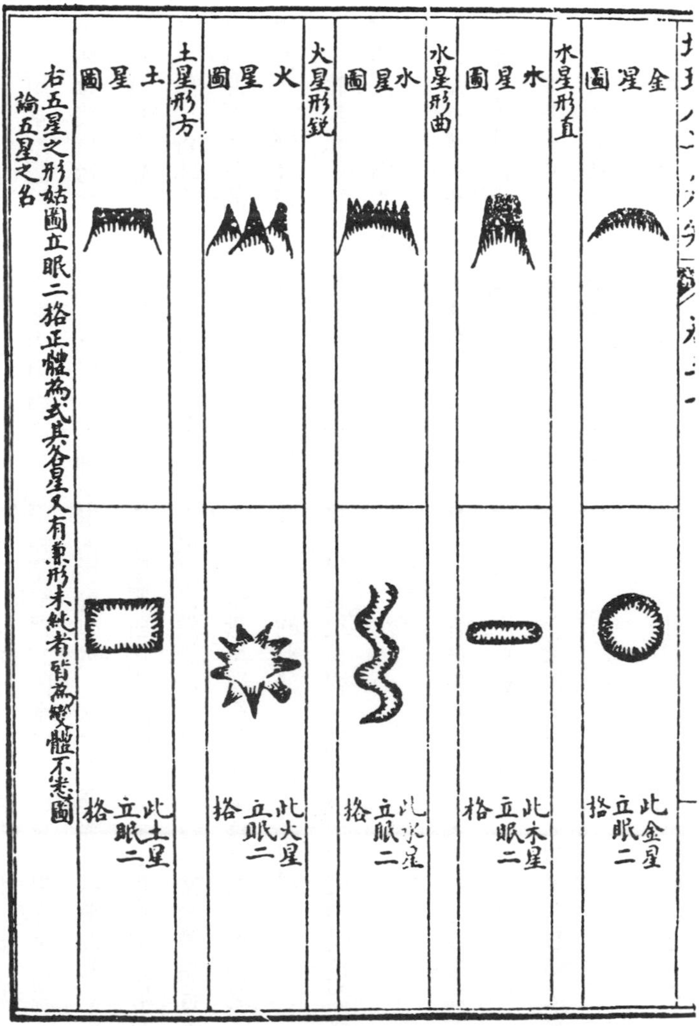

圖　二

資料來源：新刻地理體用括要天機會元正篇葬經卷之三

環抱水。基隆河爲上支龍脈之界水，之玄委宛，至圓山強渡，斷開水門，匯入淡水河。

風水家認爲圓山下之中山橋爲台北市封閉緊嚴的內水口，已有獅象守護之貌，而觀音山與關渡爲台北盆地之主水口，左獅右象，形象宛然，水口之守護尤爲動人⑱。我國在此大時代中有這樣好的福地爲戰時首都，風水家們對我們的前途，莫不有堅定之信心。

對於台北市的推斷，自然很難求證。但以自然的環境來看，台北盆地雖頗有水患，然其爲北部僅有的水流舒展，山勢秀麗的地帶，是無可置辯的。成爲全省的首善之區，雖有很多人文條件可以解釋，風水家完全歸之於地理的形勢，似亦言之成理。

巒頭派的風水，雖然以山川形勢爲首，但也很重視理氣，所不同的乃是他們解釋理氣的角度。孟浩說：

> 巒頭者山形也，形者氣之著，氣者形之微，氣隱而難知，形顯而易見。蓋氣吉則形必秀麗，端莊圓淨，氣凶則形必粗頑，欹斜破碎。以此驗氣，氣何能逃；以此推理，理自可測。實不必泥方位之理氣以爲吉凶也。……殊不知陰陽五行之理氣即寓於巒頭之中……形即理氣之著也。故觀巒頭而理氣可知。⑲

在下文中，我們將討論方位與理氣的關係。在這裡，孟浩不承認形勢之外更有理氣，可以稱爲形勢理氣一元論。然而怎樣自形勢中看出理氣來呢？

還是自形勢上找。形家們把山形水貌按照五行，分爲五類，所謂「在天成象，在地成形，星之所臨，地之所鍾。」通過五行，就把天星的「理」反映到山形與穴形上了。圓爲金，尖直爲木，平方爲土，三角爲火，波形爲水等，可以看出某一理想地理環境中的性質。在傳統風水術中，天星與山形有很複雜的生剋關係，但標準的巒頭派則取以形相地的態度，前引文中說「氣吉則形必秀麗，端莊圓淨；氣凶則形必粗頑，攲斜破碎。」這話反過來說，即表示形秀麗者即吉，粗頑者即凶，這也是「相地如同相人」⑩⑩的道理。甚至「脩竹茂林，可驗盛衰之氣象」⑩①，不但山形秀麗要緊，其上植物的生長可看出生氣之所在，就完全與「桃花源」相符合了。

在這種觀念下看山形，則五行、九星所代表的意義，恐怕也不過是形式的和諧而已。事實上，天星反映在地勢上的形狀，其吉凶就可以其外觀的醜惡來看的⑩②。

五、天象的縮影：易卦與數理

風水中的原則除了「巒頭」之外就是「理氣」，也就是「向法」。我在前文中推斷，向法開始在先，且一直是通俗風水術中的主流，與易卦與卜筮星相關係密切，到宋朝以後受理學家的影響才套上「理氣」這樣哲學意味的名稱。「理氣」就逐漸與「形法」脫離關係，成爲卦向專用的名詞了⑩③。「理氣」怎麼解釋呢？北宋以演易聞名的理學家邵康節有一段故事說：

先是於天津橋上聞杜鵑聲，先生慘然不樂曰：「不二年，南士當入相，天下自此多事矣。」或問其故，曰：「天下將治，地氣自北而南；將亂，自南而北，今南方地氣至矣，禽鳥得氣之先者也。」[104]

這段故事雖與風水無關，可知理學家對氣的看法。一、天下之治亂與氣之行向有關；二、氣之形向影響禽鳥的鳴聲；三、鳥鳴的聲音可以傳達此種消息。有這樣的觀念，風水的理論就可以成之了。

然而風水上依據的理氣是照朱熹的解釋。《朱子語錄》中說：

問：「理在氣中發見處如何？」曰：「如陰陽五行錯綜不失條理便是理。若氣不結聚時，理亦無所附著。」

理氣本無先生之可言，然必欲推其所從來，則須說先有是理。然理又非別爲一物，即存乎是氣之中。無是氣，則是理亦無掛搭處。……有理便有氣流行，發育萬物。[105]

他指出「陰陽五行錯綜不失條理」就是理，是相當近乎科學的看法[106]。這裡表現在氣上，因氣能發育萬物，就是「生氣」了，而他更進一步，是提到「理」與「數」的關係。

> 問：理與數。曰：「有是理便是有氣；有是氣便是有數。蓋數乃是分界限處。」[107]

照這段話，則氣表現在數上。數既爲理、氣的代表，它又是什麼呢？它不是數學，而與後世所說的「命」較近似。他又說，「氣則金木水火」[108]，則又回到五行的關係，可見他說的「數」是相當抽象的。然而在宋代，理學家們開始演「數」。那就是他們所推演的河圖、洛書之說。「河出圖，洛出書，聖人則之。」是中國很古老的傳說[109]。所謂圖、書，只是兩個數字排列的縱橫圖而已。這兩個圖就成爲古人玩弄數字遊戲的推斷命相吉凶的依據，與五行生剋佔有同樣重要的地位。

邵雍著《先天圖說》，也是自數之理求天道之理。所不同者，易卦有順序觀念與空間〔位〕觀念，不盡爲算術之數。周敦頤之太極與邵雍之先天圖，據說均傳自陳摶，爲後世風水與命相家之理論根據。至此可以明白何以「理氣」竟轉爲陰陽、五行、河洛、八卦之繁複的推演與運算，又被稱爲「向法」的道理。

所以這「數」是冥冥中支配萬物運行的一種原則。若隱若現，有時會爲賢者所掌握，一般人是無法了解的[110]，當它出現時乃出之於易卦、圖、書、數字的形式。而其運作則要以陰陽交會、五行生剋、數字合十等觀念來達成。

陰陽是生生不息的力量之源，「二氣交感，化生萬物」[111]，是理學宇宙論中最基本的觀

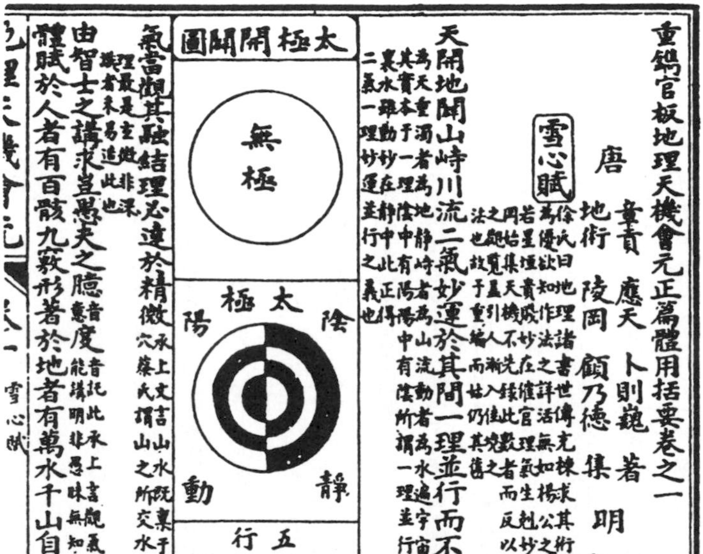

重鐫官板地理天機會元正篇體用括要卷之一　子集

唐　章貢　應天　卜則巍　著
地術　陵岡　顧乃德　集
明　潭庠　試可　徐之鏌　重編刪補
書林　奇泉　陳孫賢　重繡梓行

雪心賦

徐氏曰地理諸書世傳充棟求其術臻神妙者而葬書爲最理極深奧者而發微爲優欲知作法之詳活無如楊公之倒杖故識星形之異態無如廖氏之九變至若星理貴賤妙在催官理氣生剋妙在玉尺數者備而出頭天星盡是矣乃顧陵岡始集天機不先錄此數者而反以雪心賦編于首無非取其詞理明快便後學之鈕覓盡引人漸入佳境之法也故于重編而甘仍其舊

天開地闢山峙川流二氣妙運於其間一理並行而不悖　太極未分天地山川止一氣耳及太極動而生陽靜而生陰是二氣始分輕清者爲天重濁者爲地靜峙者爲山流動者爲水遍宇宙間皆陰陽二氣之運行也然陰陽雖分二氣其實本于一理陰中有陽陽中有陰所謂一理並行而不相悖戾焉故地理家謂山雖靜妙在動裏水雖動妙在靜中此正得二氣一理妙運並行之義也

太極開闢圖

無極

太極　陽　陰　動　靜

五行　火　水　土　木　金

華夷四洲　北距盧洲　西牛貨洲　東勝神洲　南贍部洲　中華　西域

氣當觀其融結理必達於精微　承上文言山水既稟于一氣則凡結穴之處必須真氣融結方可立穴蔡氏謂山之所交水之所會風氣之限藏此即融結之說也然此理最是玄微非深識者未易造此也

由智士之講求豈愚夫之臆音意度音托此承上言觀氣察理必智者方能講明非愚昧無知者所能察識也

體賦於人者有百骸九竅形著於地者有萬水千山自本自根或隱或顯　熊氏曰人稟天地之氣以爲體受父母遺體以爲形

理天機會元　卷之一　雪心賦　一

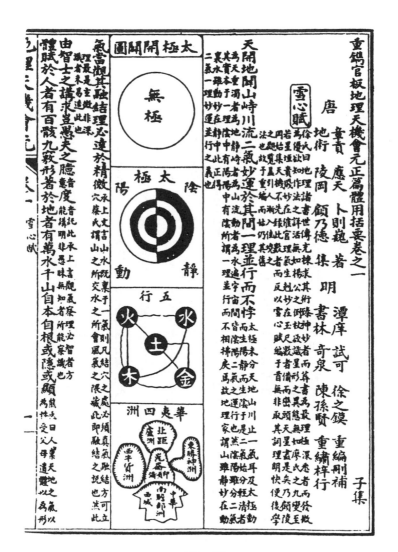

圖　三

資料來源：重鐫官板地理天機會元正篇體用括要卷之一

念。「孤陽不生，獨陰不成」，不生就是凶兆了。但陰陽是一種自經驗中悟得的觀念，雄雌交配而生後代為切近的經驗，要推而論萬物就很不容易。比如日為太陽、月為太陰，兩面並不相交。所以陰陽的價值系統是不很清楚的。後來的風水術中，有純陽、純陰之說就是觀念混淆的結果。

五行說是傳統中國最重要的思想體系，自然也是風水術立論的基礎。今天看來是一種前科學的思想：一種宇宙萬物元素的理論，與古希臘的四元素說沒有兩樣。〔他們的四行是水、火、空氣、土〕[112]。然而有了元素尚不夠，更重要的是找出它們之間的關係。「關係」是我國思想最重視的。事實上，我們要建立元素論，乃因尋求宇宙萬物間的關係，以解開生、死之謎。這關係就是生剋論。

從今天的環境理論看，五行生剋實在就是一種概念性的生態理論。我們古人觀察萬物，發現物物之間，有相生相成的關係，也有相剋相制的關係，因而萬物之間才存在著和諧與均衡。雖然我們好生惡剋，然宇宙只生不剋就不能維持平衡。故這生剋的關係正是宇宙生機的奧祕，中國人稱為「天機」。

五行乃指木、火、土、金、水，順序有多種，李約瑟曾加詳細討論[113]。上面所提的順序乃相生序，即木生火，火生土，土生金，金生水，水生木。這大約都在我們的經驗範圍之內。〔金生水可能因為古人見到金屬器皿上易凝水珠而推想的。〕相剋的順序則為木剋土，土剋水，水剋火，火剋金，金剋木。這些亦大體在我們的常識範圍內。（土剋水，乃我國以堤治水所推演出的。我國有句話是「水來土掩，兵來將擋」）。

五行生剋的關係乃我國自古到今最被普遍接受的價值觀念。萬物均有五行的屬性，人亦均有與生俱來的五行的屬性，五行間的生剋，無形中成為萬物與人間現象內在的動力，在風水術中，無時無刻不參考此一關係，任何吉凶的判斷必先經歷此一運作過程。

至於「數」，宋代以來哲學家們亦演而為吉凶判斷的準則，其解釋至為繁雜⑭。大體上乃自河圖、洛書推演而來。由於大家所玩弄的不過是一至十的十個數字，所以各人的解釋均不甚相同。比如前文說過，奇數為陽，偶數為陰，但自陽儀、陰儀的關係看⑮，一二三四為陰，六七八九為陽，五與十是成數，不計在數字運作內。很難想像學者們如此認真的研究這些原始的玄學的遊戲。在理氣中，「數」大多傾向於陰陽相配為吉的觀念。據說河圖中出現的十個數字，是兩數成組出現的：一六在下，二七在上，三八在左，四九在右，五十居中。一組不論以奇、偶釋為陽陰，或以左、右儀釋為陽陰，均為陰陽相配。請注意這些成對數字之間大小之差別均為五，這就是相生相成的關係⑯。除此以外，兩數之和等於五，或十，或十五者，都是相生相合的關係，否則就是不吉利的關係。洛書乃是縱橫各十五的方陣⑰。

前面簡單的介紹風水中吉凶判斷的基準。這些怎與「向法」發生關係呢？要通過八卦。

八卦是遠古時代，混合了信仰與實用價值的象徵。有一種說法是伏羲氏觀察鳥獸之文而畫卦[118]，是把卦視爲文字起源，而術數家多認爲「卦爲自河圖發展而來」，持有數、卦同源的說法[119]。

在今天看來，數、卦同源似乎是一種附會，因其性質完全不同。易卦乃由陰爻、陽爻錯綜排列而成，以描寫大自然的一些基本現象。它與五行的性質類似，只是因爲發明的時代早，利用的元素較不抽象而已。天、地是人類生存的大環境，水、火是原始人即賴以生存的元素；山、澤是生存環境的表象；風、雷是作用於環境之上，使原始人震驚的自然力。所以用三畫卦排列成的「先天八卦」，實在是自然環境的描寫。所以才說：「天地定位，雷風相薄，山澤通氣，水火不相射。」其中只有水、火是與五行重複的。

爲了具體說明先天八卦的概念，我們可以把它看做主體的宇宙的座標。我們假想一個垂直軸，即乾坤定位；上爲天，下爲地。然後假想一個水平軸，一端爲水，一端爲火，而坎、離，代表冷熱之兩極，與這兩軸成四十五度的兩條斜線，一條代表著動態天象的震、巽，即雷與風，另一條代表著靜態的地象的艮、兌，即山與澤；它們是發生在這座標上的現象，並沒有空間意義。所以有人說，「先天是宇宙萬物之體象。」[120]。

有人說，後天八卦是文王所演的。所謂「後天」，不過把「先天」直接的形象描寫加以推演，使其抽象化，符號化，以便代表更多的意思，使用到更廣泛的對象。這與中國文字的發展是相同的。為了達到這目的，一方面推演了三畫卦的涵意，同時又重複了三畫卦，構成六十四卦，成為占卜的依據。

自先天到後天之變，對我們所關心的風水，最重要的是在觀念上，後天卦位的安排，開始代表了方位。

據說後天卦的來源是根據易經上的一句話：「帝出乎震，齊乎巽，相見乎離，致役乎坤，說言乎兌，戰乎乾，勞乎坎，成言乎艮。」這話的解釋頗費思量。然而後人就把它當做一種順序，重新排列了八卦的位置。由於來自空間的順序，後天八卦已明顯的在一個平面上運行了。⑫①。

我們可以假想這後天卦同樣形成了座標軸，在重新安排之後，只有「坎離」尚在同軸上。由於傳統的解說，「帝出於震」是自東方開始〔也許受日出的暗示！〕，坎離恰好落在南北軸上。水火原暗示冷熱，故後天卦的方位觀念就很具體了。

這後天八卦有了方位，自然是風水家所依據的，可是吉凶的判斷又根據上述的三個原則。所以他們必須把陰陽五行與數與八卦連上關係才成，我們在下面分別略加解說。

陰陽的原則比較簡單。卦爻中有一陰一陽，故八卦中內在就是陰陽的觀念。自一陰一陽，到四個二劃卦，是太陰太陽，少陰少陽，再演而為三畫的八卦。所以其中在在都與陰陽有關。中國人以家庭為重，就把家庭組織投射到八卦上。理想的八口之家，父母之外，三男三女，恰好說明了八卦的關係。「乾爲父，坤爲母」是一切關係的基礎。

但到了後來，在卦爻的應用上，這原有的關係並不受尊重。所以到明代，有少數術數家反對使用後天卦[122]。失掉了基本原則，陰陽的分配就顯得亂了。通常的分配是根據先天八卦上的陰陽二儀來的，在先天八卦上畫一斜線，右爲陰，左爲陽。而坤艮坎巽四卦的最下一爻均爲陰爻。同理，在陽儀一邊的四卦，最下一爻均爲陽爻。其他的原則必須與「數」連起來才有意義。

在「數」上，原則以奇、偶分陽陰，但把洛書之數與先天八卦配列後（詳見後），則發現一二三四恰爲陰性卦，六七八九恰爲陽性卦，故河圖上一六、二七等關係，就是陰陽配合的關係。

五行配卦，就有很多周折：八個方位要用五個元素塡滿。照說以五行的性質定卦向，並決定其生剋的關係，是說不出道理的，只是一種純粹理數的推演。勉強解釋，亦可自大自然現象中尋求。比如太陽自東方昇起，向西方墜落，比如西南者熱，西北者涼。至於生剋，則純爲推論了。

《易經》本無五行之說，宋代以後，學者們開始設法結合二者。他們的觀念是在河圖的數字關係上，一舉而把卦位與五行解決。河圖是五對數，成十字形排列。五對數就配上五行，很順理成章，因爲漢代就有五行配四向的觀念。（東木、南火、西金、北水、中土）

如果把後天八卦與方位五行疊在一起，則已得坎水、離火、震木、兌金四種關係。以太陽運行的路線看，東南與東相近，西與西北相近，勉強可以解釋巽木、乾金的道理。至於土，原居中央，成卦之後，坤為地，艮為山，故為這兩卦屬土就似理所當然了。

但是五行與數的關係沒有改變，北，一六，屬水；南，二七，屬火；東，三八，屬木；西，四九，屬金；中，五十，屬土。

洛書是一至九排列成的縱橫均為十五的方陣，古人視為神奇的天機。中國古人的排法是九上一下，左三右七，左斜為四與六，右斜為二與八，中央為五，如圖。與先天八卦排起來，就得到坤巽離兌，艮坎震乾的陰陽序。卦與數字的關係，就是坤一巽二，離三兌四，艮六坎七，震八乾九。很顯然這卦位與數字與河圖中的數字五行互有出入。這就是風水術中衆說紛紜，人人均有依據的道理。

讓我們以傳統宅法風水說明以上原則的運用。

風水家習於把住宅分為東四宅，西四宅，為以後天八卦為準。東四宅者即以坎與居東、南角的震巽離為坐山的住宅⑫。西四宅即以居西邊的坤、兌、乾與居東北的艮為坐山的住宅⑫。陽宅的風水以坐山為主卦，如坐北朝南，就是坎宅。而自古以來，開門立向以納氣，就是風水上的基本原則，所以宅法之吉凶，主要考慮該宅卦與主向卦是否相合。其考慮的原則正是五行生剋，與數字合十或合五⑫。

先以五行來說。東四宅的卦位關係，主要是木與火與水與木的關係。坎離雖似相剋，卻是先天定位的關係。西四宅的卦位關係更爲單純，完全是金與土的關係。如果、西相混，就造成卦氣[125]的不適，形成金木相剋，或木土相剋的情形。這樣解釋似說得通，但如我們問，坎爲水，金水相生，爲何坎不能與西四中的乾兌相合呢?這就要找「數」的理由了，只有五行相生是不夠的。

自圖五上，我們可以看到後天卦的每一位均有一數。這是自先天卦與洛書相疊時得來的，兩卦數相加，凡合於河圖上相成的關係的〔相差爲五〕爲上上大吉。凡合於成十的關

先天八卦

兌	乾	巽
離		坎
震	坤	艮

4	9	2
3	5	7
8	1	6

洛書方陣

圖 四

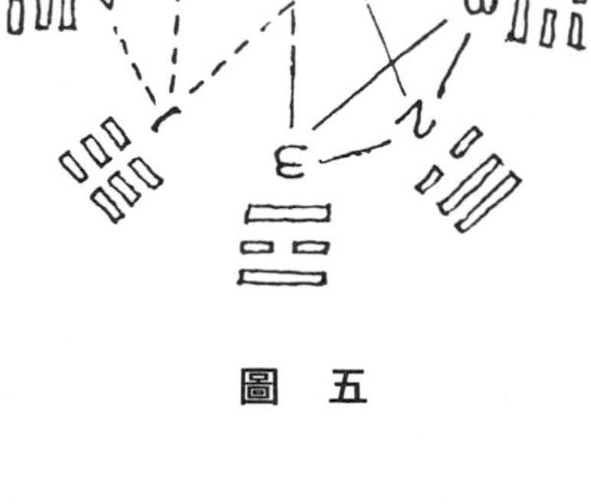

圖 五

係的，亦即先天八卦成對的關係〔乾坤、坎離、震巽、艮兌〕，亦爲吉利的。凡合於成五或十五的關係者，爲次吉，至於本卦自身的關係，是沒有吉凶的意義的。爲篇幅所限，我們就不去討論相剋的卦數了，其凶的程度亦因不適當的數來決定[126]。

在傳統的社會中，一切吉凶的推斷歸之於天。所以數是天數。爲了使天的形象具體化，風水家把陽宅中的生剋關係起了幾個星象的名字，使人充滿了神秘感與恐懼感。那就是使相生的三種關係各爲「生氣貪狼星」，「延年武曲星」，「天醫巨門星」、把相剋的四重關係稱爲「絕命破軍星」，「五鬼廉貞星」，「六煞文曲星」與「禍害祿存星」。總計爲七星，這七星就影射環繞北極旋轉的北斗，是古人觀察天象，推想天人關係的依據，七星加上北斗柄旁的二顆小星，又稱爲輔弼，共爲九星，在八卦各方面上，輔弼合稱一星，又叫伏位[127]。

以坐北朝南的住宅爲例，坎爲伏位。七星運轉，貪狼星落在東南方，亦即巽方，貪狼爲生氣，爲上吉，故於東南方開門，以納生氣，這就是北方的住宅大多於東南方開門的原因。以數而言，河圖上二七同宗，坎爲七，巽爲二，故爲上吉，南方之住宅多正面開門，即坐北朝南開南門，北爲武曲星，爲延年吉星，而數爲合十，亦爲吉向。如在西南，則爲廉貞星，爲五鬼凶向，爲最凶之關係。在傳統的陽宅風水中[128]，灶是很重要因素，故要與門、主相生無剋，故也要坐落吉方。如房子坐北朝南，即坎主巽門，灶以東南向、東向、北爲宜。其道理是相同的[129]。

到後來，這九星的形象脫離了數理，後世的風水家與命相家合流，把它們各賦以五行的屬性，如貪狼爲木，武曲爲金，巨門爲土，破軍爲金，廉貞爲火，文曲爲水，祿存爲土等，使他們如星辰一樣，運行於洛書與八卦的九宮之上。星在上運行，宮爲地上方位，儼然一種天象的縮影。

到此，讓我們談談時間因素的介入。

前文我們使用最普通的陽宅卦例，解釋理、數在環境吉凶判斷上的意義。而風水學之繁雜則在於後世的好事之徒把環境中諸多物象與方位的錯綜關係無不納入，而又無不具有象徵吉凶的意義。依他們看，細微之差，禍福立現，雖不免予人以故神其說之嫌，而人生遭際中之機微，卻亦藉此表露無遺。

風水之吉凶加入時間的觀念乃爲必然之事。在常識中，我們知道「禍福不常」，而實質環境則不常變易。如吉宅有絕對性，何以主人之際遇有變？所以俗語說，「風水輪流轉」，古人研究風水，自然注意到這一點。

古人稱時間的吉凶關係爲「日法」，亦稱爲「選擇」⑬⓪。其起源至少可上溯至周代。但早期的「選擇」，僅在於算（或卜）某一時間與某一行動之間的關係，所以嚴格說，與風水的關係不大。我們可以想像，早期日法與葬法或宅法發生關係，在於下葬、遷宅、動工、上梁等行動與時日吉凶的推算。這一關係直到今天仍然存在，而且爲很多人信守不渝。

時間成爲風水觀念中不可分割的一部分，不知自何時開始。我推想，自使用二十四向盤時就隱約的結合時空的向度了。二十四向盤始用於何時沒有明確的記載，然而我國自商殷時代已用天干、地支紀日[131]，結合干、支與八卦可能於漢代已開始了[132]。

也許用十二地支表示空間的十二方位，比後天八卦還早，所以二十四向盤是以十二地支爲基礎構成的。地支就是中國傳統計時的十二個時辰，本身兼有空間與時間的性質。子時乃指半夜，子位乃指北方；午時乃指日中，午位乃指南方。

天干與地支相對，其來源應該與日行有關，本身就有時間順序的意味。後來受易數思想的影響，與河圖十數同戊己二干置於中央。因此天干不但有了方向，而且跟著方位亦有了五行的屬性，與八卦相通。這種時間與空間的重疊，與西人喜用鐘錶面計方位是一樣的[133]。

後世把後天八卦，天干中的八干重合在十二地支的向盤上，得到二十四向盤。二十四向爲八卦的三倍，爲地支的二倍，對於辨向計時自較精確。用二十四做爲地球自轉一周的計時竟與西方一致，使我們的計時方法實際上可在現代使用。

自八卦到二十四向，依照風水與星相，同樣要予每一方位以五行屬性。其中最重要的一個步驟，即是納甲。把八卦與天干中的八干〔除戊己〕依先天八卦之順序納之，即乾納甲，坤納乙……等。其理論甚多，在此不贅。[134]八卦與八干之外，尙有八支，則以「三合」

的觀念，使東西南北四正向各吸納二支，如寅午戌，即由正南吸收寅、戌爲同類，而「三合」是自時間中轉來的觀念[135]。

總之，使用二十四盤之後，在風水中隨時就有時間的觀念介入。自深一層看，我國哲學家非常重視宇宙中常變的道理。堪輿術中的形勢是靜態的，卦數之理也是靜態的，如何因應常變的觀念？「易」就是變，反映在八卦或六十四卦上，應該以闡明變的道理爲主，古人觀察天象，發現星斗轉移，益見變必有常理可推，所以在上文介紹的九星九宮等，已有星因時流轉的觀念。

時間正式成爲風水中的主角，乃從「三元」派興起時始[136]。「三元」是起源甚早的一種觀念，在《隋書・藝文志》中已有以此爲名的著作了。後代三元派的風水家認定自己爲正統派，乃上溯至漢初，並將歷代名家均歸於該派[137]。但依本文前面的討論，漢代以來，曆書結合五行，有選擇之法，由於使用同樣的干支符號，使得空間、時間的連結順理成章。至於直接使用時間吉凶於地理，而形成一種嚴密的系統，恐怕是後代的事了。

時間在風水上的應用，先要定一吉凶判斷系統。講究元運的人，認定時間的流逝也是一種循環，所以我國的時間觀念，「分久必合，合久必分」是環狀的，與西方基督教的線型時間觀念有很大的差異[138]。元有循環的意思，運有衰旺的意思。我們可以想像，國人心目中的時間在環狀運轉中，每有所轉動，均影響二十四向盤的吉凶關係，因此使得吉凶的推算變得十分複雜。

時間的環有一個現成的系統，就是干支紀年的系統。這是自漢代開始的(139)。每一甲子是六十年，就是風水家所稱的一元，三元即一周天。在一周天中，元有上中下之分。每元又分為三運，每運二十年。我國「古代治曆，首重曆元，必以甲子朔旦夜半冬至齊同為起算之端。當斯之際，日月五星又須同度，如合璧脫珠之象，謂之上元。緯書名曰開闢。」(140)說明元運的開始，原與天文學的理想有關。中國天文學乃以求得上元為目的。找到一個「開闢」的年代，然後順甲子等推下來，在天文上，一元即首尾均為「甲子朔旦夜半冬至齊同」，要四千五百六十年(141)。但風水、星相上使用的，則自黃帝紀元起算。如此六十年一元推下來，到民國七十二年為中元，七十三年的甲子為下元的開始(142)。

時間在循環，用元運來分成段落，各段落必須賦予不同的屬性，才能影響空間中的二十四向。一般的辦法是把前面討論到的九星，按著洛書的宮位排列起來（即一貪木、二巨土、三祿土、四文水、五廉火、六武金、七破金、八左土、九右金），每一星座一運。在這裡九星不只有五行的屬性，而且有「數」，就可以生剋與數理來判斷了。《地理玄龍經》有一段話說明九星元運的觀念，與星相同源。

北斗七星居中。樞、璿、璣、權四星為魁，玉衡、開陽、搖光三星為杓。魁為斗身，

> 杓爲斗柄，斗柄所指爲天罡，天罡所指，衆殺潛形。然則輔爲天皇，弼爲紫薇，貪爲天樞，巨爲天璿，祿爲天璣，文爲天權，廉爲玉衡，武爲開陽，破爲搖光，皆所以旋轉造化，斟酌元氣，發生萬物者也。……[143]

這九星，一二三主上運，四五六主中運，七八九主下運，每運之主星爲當運（請注意，本文上章所提九星有吉凶之分，在此則無此意，僅以當運之星爲吉），比如自民國七十三年以後爲下元上運，破軍金當運。在卦位上原爲吉利的格局，今因不當運而變凶，而凶位亦可因「時來運轉」而成爲吉地。合運即在「數」上合十、合五的關係，由時間的運數，配空間的運數。

空間的運數即二十四向盤上當運的方位，說法不一，其中較合「理數」的說法是將方位與洛書九宮的方位重合，如坎爲一，壬癸亦爲一（一卦管三向）。只是每卦之三向，分爲天、地、人三元，其中又有些不可解的規則，在此不多述了。

講究元運的風水家，很注意尋求能綿延富貴的方位，以免命運很快衰敗。最理想的風水，就是所謂「三元不敗之地」，可保永久富貴。在常識，這是不可能，也是不存在的。故風水家發明了「換星」法，即在取山定向的時候，雖定於東運之盛向，卻可兼有對本運並無不利，而可在下運中昌盛的方向，所兼之運愈久，則主人之發運亦愈久。

元運的觀念發展到極端，就是明末蔣大鴻的三元派，第三節中曾指出他是學院派的風水家。他的理論完全上推至易經，連接理學之傳統，不採用術數家數百年所推演出的神秘難解的複雜系統，完全放棄二十四向羅盤，改用六十四卦之圓圖表示空間方位關係。其吉凶之判斷則根據河圖之數。這種革命性的看法，雖得到少數人的共鳴，但脫離一般作業的依據，難爲大多數人所接受。所以這套原理，再套回二十四向盤，終於演爲非常繁複的今天所見的三元羅經了⑭。

我國在文化的性格上是具包容性的，不同的派別，在當時也許針鋒相對，互不相同，但到後世，均納而一體。儒、道、佛在早期雖有激辯，至宋以後，漸難細分，形成國人多層面的性格，富適應性的人生觀。風水之發展也是如此，故愈至後世，術家盡納前代之理論，希望融爲一體，因此風水的體系不但龐雜，而且支離，爲常識所不能理解⑮。

不但在風水術內部有兼併的趨勢，且有與星相、命理術兼併的傾向，因爲在三元風水中，以洛書數序爲基礎的紫白九星，把年、月、日均予以星化，不斷循環，對應著卦盤，依洛書的順序來移動，就與星相的觀念很接近了。所以到了清朝，就把命相拖進風水中來⑯。

中國人論命，雖有孔子所說「五十而知天命」的意思，但根本上，是一種對人生定命的看法，在態度上是很消極的。以政治背景看，知識分子認「命」，至遲在紊亂的魏晉南北朝時代就發生了⑭。一生際遇依靠風水，在觀念上已經是放棄自己對命運的控制，歸之於自然的奧秘。宋明理學盛行，文化歸於內向，國人生命中對抗外在環境的奮鬥精神爲自我反省，自我安頓的性命說所取代，除了少數剛毅之士以孟子的浩然之氣爲修身養性之本旨外，大多走向認命之一途。到了下層社會，風水就成爲純粹升官發財的工具。所以楊筠松被稱爲楊救貧，因其能以風水使人發財。宋賴文俊的《催官篇》大爲流行，因其葬法聲稱可決定官運，甚至官職。

把「命」引入風水中，更加強了我之禍福實爲天定的觀念，非努力所可致。明末政治腐敗，天災人禍頻仍，可能加深了士大夫與社會大衆相信命運，普遍講求風水的需要。在通俗的著作中，道德的價值觀被引入勉強維持儒家的尊嚴。他們認爲沒有好命的人，即使有大富大貴的吉地，也會失之交臂。他們編出一些故事，證明有德行的人才有好命，會不期而遇吉地。有些風水書籍簡直有勸人爲善的意思。但整個說起來，人的行爲不過是一些幌子，命與風水在技術上不可分割，漸爲風水師所普遍接受。

在觀念上，「命」之價值比時間之價值更容易被接受，同一住宅，有人住之則吉，有人住之則凶，非住宅之罪也，乃主人之「命」不合也。這樣固然使風水術之推演過程更加紛歧，但也很巧妙的爲風水先生解釋了很多不靈驗的原因，使一個原就不能證實的藝術，更加撲朔迷離，眞僞難辨了。

在技術上，結合風水與命，並沒有很大的困難，因爲命相學已經很成熟了，命相學告訴我們，每人因生年、月、日、時辰，就有一個命，可用來推斷我們的一生際遇。在清代著作中，顯示當時的風水中談命，只要生年就可以了，叫做「三元命卦」。

方法是以生年的上中下元，推定屬於何命。用洛書九宮代卦，自甲子起，「倒數順飛」⑭，算出該命屬於何數，亦即何卦，亦即何命。如爲一宮，即屬坎卦，即爲坎命。在陽宅上，已具有水、陽性等屬性，傾向於離、巽、震三卦。這樣選擇住宅的座向，就有所依據了。

事實上，這方法是相當古典的，後世的風水師大多兼營命相，其融合命相與風水的程度，視術者個人的認識與修爲而定。他們使用的原則大同小異，在細節上與廣含的程度上，相去則甚遠。一切依靠他們的解釋而定。後世的風水師多爲江湖術士，迷信重於理性，使堪輿原爲自天象、地理觀察入手的前科學，未能進一步爲科學之探索，而淪爲迷信，與命相之併入風水不無相關。

註釋

①風水，或稱堪輿，或稱地理。「堪輿」之名稱較古，初見於《漢書・藝文志》，《辭源》中引數家之解釋，許慎以堪爲天道，輿爲地道，最爲後世接受。故乃「仰視天象，俯察地理」的總稱。「地理」一詞因「相地」術以地爲對象之故，據張謙說來自唐呂才。「風水」則因《葬書》中「乘風則散，界水則止」一語而來，仍以相地爲主，但金代張謙所注之《地理新書》卷一中，則定義爲「出處爲水，入處爲風」，與《葬書》所傳不同。此處用「風水」一語，乃因此詞通行我國已數百年，且具有現代環境的觀念，較古語「堪輿」更能傳達相地術之精神。

②曾於中原理工學院建築系做過一次演講。該演講稿未經修飾刊於該校《中原青年》，後來部分爲《房屋與市場》所轉載。

③如地理學界的教授即常提到風水的原則，見《境與象》第五期譯文。但系統性的研究必須長期與風水術師相處，故至今仍以民前外國傳教士之紀錄爲詳盡。

④自明代以來，風水時見於士人之筆記，亦見於正史。大部分風水著作均爲明代人譌託或整理。明末李闖爲亂，崇禎帝命令前線將領挖掘其祖墳，李闖亦以破鳳陽明室發源地爲目標。

⑤我們在修理古建築時，常請教木工老師傅，知他們大多使用「紫白九星」等法，事實上木工亦多懂風水，以便爲人修造。至今流通者有《魯班寸白集》與《繪圖魯班經》，皆由台灣瑞成書局翻版。前者木匠使用之風水手冊，故內容紊亂無組織。後者爲經過整理之木工建築手冊，包括風水原則。金代出版的《校正地理新書》卷一，以營造定向，定本開始，與李誡之《營造法式》相同。又明末之《地理人子須知》卷七下，亦有定向之法，可大體說明風水與營造間之關係。

⑥見清家清：《房屋相的科學》，陳啓東譯，台中新企業出版社，民國六十二年初版。

⑦嵇康在當時的自然主義者中最有現代讀書人的矛盾心理。他與魏公主結婚，並非無意於仕進，而時值司馬當權，心性乃趨消極。其生平與學說見容肇祖：《魏晉的自然主義》，頁四三，商務人人文庫，民國六十九年六月台二版。以下引文均爲《古今圖書集成》之《藝術典》中所載。

⑧見嵇康：《難宅無吉凶攝生論》，載於台北鼎文版《古今圖書集成．藝術典》，卷六八〇。

⑨同書同卷嵇康：〈答釋難宅無吉凶攝生論〉，當時嵇康與友人對此問題顯有所爭辯，故另有一文答辯，亦載《古今圖書集成》中，可參閱，見《古今圖書集成．藝術典》，同卷。

⑩同上文。

⑪同註八。

⑫《荀子．天論篇》，見葉衡選註：《荀子》，頁七八，商務人人文庫，民國五十九年台一版。

⑬同上引，頁七六。

⑭王先慎：《韓非子集解》，卷五，〈亡徵〉第十五，頁一，商務人人文庫，民國六十年一月台二版。

⑮杜維運等譯，李約瑟著，《中國之科學與文明》，卷三，頁三七：〈王充之懷疑哲學〉。

⑯王充：《論衡・歲難篇》，見《集成・藝術典・堪輿部》。

⑰見呂才：〈五行祿命葬書論〉，《古今圖書集成，藝術典，堪輿部》。本文亦被收入《校正地理新書》之卷尾。呂才，據云爲風水三合派之祖，不知何據，見王德薰，《山水發微》，頁十一，民國五十七年自印，台北。

⑱同上引。

⑲司馬光反對風水之態度爲後人多所引證,此處爲元代趙方的引語〔《風水選擇》序,見《集成》收文〕，在明代所刊《地理人子須知》之瑣言中，亦討論司馬溫公之意見。著者僅要求後世之爲人子者要警惕而不可過分。北宋的儒者歐陽修，對於理學家玩弄圖書，斥爲怪誕，對於其後世風水影響於士人思想之嚴重性，可謂有其先見。

⑳項喬：〈風水辯〉，見《古今圖書集成・藝術典・堪輿部》收文。

㉑見項喬上引文。宋代帝王相信風水，命大臣編書，以「納民於富壽」，原不自朱子始，見《校正地理新書》，宋翰林王洙〈地理新書序〉，朱子顯有推廣之功。

㉒同上引文。

㉓余銘：〈地理人子須知序〉。見台灣竹林書局翻版《地理人子須知》頁三。余氏爲明代官吏〔奉直大夫，南京刑部〕。該書有明代序五，包括明萬曆間首相徐階之序。

㉔李約瑟：《中國之科學與文明》，中譯商務版，第三冊，台北第三冊，頁二四。見唐敬杲選註：《管子・水地篇》，商務人人文庫，民六十一年台三版，頁一四六。

㉕胡適之在《哲學史大綱》中認爲《管子》一書中的政治思想非常進步，不是春秋時代可以產生的。他認爲該書爲戰國末期之產物。

㉖在李約瑟的上引著作中，有〈中國科學的基本觀念〉一章，討論董仲舒此段文字的意義，表示中國人的宇宙爲一有機體，其間的相互作用，並非因果關係，而爲神秘的共鳴，也可用來解釋風水的觀念。

㉗從萬物之感應與共鳴而及於禍福，及於祥瑞徵兆，爲漢代以後二千年中國正史所尊奉的觀念。各代正史均有五行志以記載此種感應。自古以來，國人均爲元首編造祥瑞神話。

㉘《葬書》之著作者尚有疑問，但爲後世廣泛轉引，此處引者見清代葉九升註：《地理六經註・葬書》，卷一，頁一，民國六十二年華成書局翻印版。

㉙元趙枋：〈葬書問對〉，見《古今圖書集成・藝術典・堪輿部》收文。

㉚程子此語爲堪輿家引用，亦爲批評家所指責。此處轉引自徐維志，《地理人子須知》，瑣言之一，「不可不知地理。」

㉛朱子此語亦轉引自上文。

㉜陸子此語亦見上引文。

㉝王懋竑纂：《朱子年譜・考異附錄》，商務人人文庫，民國六十四年台一版，卷之四上，頁二〇一。

㉞「國音」即宋代帝王趙姓之音，趙音屬「角」，照五音地理，必坐丙向壬，亦即坐南朝北。故有宋諸陵均坐南向北，朱子辨此爲非。因當時爲孝宗陵寢覓地於高宗陵旁，穴中有水泉之害，朱子上議狀以辨利害，見《朱子文集》。

㉟見張伯行輯：《朱子語類》，商務人人文庫，民國五十八年台一版，頁一一五。

㊱見上引書頁四。

㊲見上引書頁二四。

㊳見上引書頁三〇。

㊴元趙枋〈風水選擇序〉，於《古今圖書集成．藝術典．堪輿部》。

㊵徐維志，嘉靖甲子〈自序〉，《地理人子須知》。見上引同書，頁一。

㊶傳統的風水著作多有簡短的歷史的敍述，但均爲無實證的術家之言，李約瑟對風水發展的研究，限於思想觀念方面，李對羅盤的發展是很有幫助的，我們已可以說，羅經始於漢代，與占卜同源，至於李約瑟認爲風水中羅盤的使用，自唐以後，乃發生於福建派，恐係因福建近海，將航海羅盤與風水羅盤相關連的純意會之論斷，沒有具體的根據。李氏這一段討論，見上引李氏著作之中譯本，第七冊，〈磁的方向與極性〉，頁三九三。

㊷見《論衡．詰術篇》，收在《古今圖書集成．藝術典．堪輿部》，六七九卷。

㊸據《辭源》，「六甲」即釋爲「時日干支」，與文義較近之解釋爲「五行方術」。本文的解釋，根據金張謙註《校正地理新書》，爲據宋官書所編。所引「六甲」、「八卦」等條，見該書卷十二。

㊹上引張謙註《校正地理新書》，可以爲此說的最有力佐證。該書的立論幾全以五音爲基礎，第一卷開宗明義先介紹姓氏之音。然其吉凶判斷已非常繁雜，顯示唐代以來俗說之流傳，該書可證明宋代以前風水之系統與近代幾完全不同。

到近世，納音五行在整個風水系統中佔有的份量很輕，但音形的關係仍有人注意，如清末出版之《羅經活圖解》中，道光年間張睢屏寫的序，有一句話說：「陰陽五行不外一理，李子躍門夙究音學，由音轉形，於博求約……。」

㊺葉傳選：《禮記選註》，商務人人文庫，民國六十一年台二版，頁九一。「天地官矣」，註爲天地各得其所。

㊻同上引，頁九二。在這一段文字中，提到「在天成象，在地成形」的觀念反應「禮」，而其間的和諧關係則爲「樂」。

㊼同上引書，頁九六。

㊽同上引書，頁一〇一，此段引文之後，《禮記》的作者指出，這裡所說的「樂」是形而上的，並不是指黃鐘、大呂等音韻，也不是指樂師之演奏，又提到音與樂不同，指出「德音之謂樂」。

㊾對《禮記・月令》的禮制，盧毓駿氏曾認與季節及日照有關，希望能有詳細之研究。實則天子居明堂之「禮」與居住無關，爲純象徵性之活動。盧氏試圖以居住功能解釋，無法自圓其說，盧氏論述，見氏著《明堂新考》。

㊿見上引《禮記選註》，頁五〇。

(51)王充對「西益宅」的古忌，解釋爲古制以西爲上，如加添新室於西方，則易於破壞上位的制度而失禮。這種義理的解釋，頗類今人的思想方法。

(52)王充《論衡・歲難篇》。

(53)見李約瑟，上引書中譯本第三冊，頁二二六。

(54)《管氏地理指蒙》之文字似甚古樸，但所敍述之方法與觀念均爲後代之所有，且長篇大論，與六朝以前之類似文獻大不相同。又該書自隋至宋，均不見於〈藝文志〉中。

(55) 如《古今圖書集成》中即收有《青烏經》，《地理人子須知》於卷首亦列有《青囊經》與《青烏經》，均稱爲秦人所著，然而葉九升以《葬書》爲經首，且於例言中，逕稱之爲《葬經》。

(56) 見葉九升，《地理六經註》，卷一，頁八。他認爲要讀通葬書，須讀兩漢三國諸文，然後可以通其文理。

(57) 均《葬書》中語，《葬書》有多種堪輿書籍註釋。筆者所見者文字均大同而小異。註釋則南轅北轍。《圖書集成》中所收稱《郭璞古本葬經》，無註釋。此處所引，爲各本所同有者。

(58) 見漢寶德講述，林新寶整理：〈風水〉，《中原青年》二十八期，民國六十五年六月出版，頁八一。該文若干細節爲林新寶增入，但僅爲潤飾講詞紀錄大體正確。

(59) 見李約瑟上引書中譯本第三卷，頁二七。李約瑟此說影響 Feuchtwang，在其風水研究 *An Anthropological Analysis of Chinese Geomancy* 中，有一章專論風水與山水，其實這是在讀風水書籍時，看到一些景色描寫的文字，所聯想得到的結論。我國山水畫的傳統僅到明末之後才受風水的影響，且其影響僅及於理論。其關係之討論，見漢寶德刊於聯合副刊〈談中國畫之中鋒〉一文。

(60) 見新、舊《唐書》之〈藝文志〉。《新唐書》並無新資料，此部分想係參照《舊唐書》所寫。又王德薰在其《山水發微》中提到呂才爲「三合」派宗主之一。不知何據。見該書頁十一。就上引〈五行祿命葬書論〉一文看，呂氏實爲一具有理性的學者，反對《葬書》甚爲堅決，似無再創堪輿新說之理。依《校正地理新書》畢履道序，呂才似整理過風水。

(61) 李淳風、一行均爲我國大天文學家，對曆法之貢獻甚大，見朱文鑫：《天文學小史》。商務人人文庫，民國五十九年台一版，頁三六。

(62) 明代以後風水之流派甚多，互相指責、辱罵，貶斥之風甚盛，最適用之斥法，爲對方乃「滅蠻」經，即風水家故意用錯誤的理論欺騙外國人，使其敗滅，後流傳中土，遂正誤不分。大家認定一行僧爲滅蠻經之撰寫人。

㊸被託爲楊筠松的著作，自《古今圖書集成》的堪輿人物介紹中列有五種，但在該集成中所介紹的《十二倒杖》、《青囊奧語》卻不在其中，可見紊亂之一斑。在《地理人子須知》引用書目中列有八種，僅有四種與圖書集成所列出者相符，其餘四種不見於其他書籍。楊爲神話型人物，後託者多。總計恐不下十數種。

㊹見蔣國宗：《地理正宗》，卷五。原出版於清嘉慶年間，今據台灣竹林書局民國五十六年翻印版。請比較上引葉九升之《地理六經註》中所引同文。

㊺《宋史・藝文志》中有《楊救貧正龍子徑》，後世著作中未見引用。

㊻該書見於《古今圖書集成・藝術典》。在他處均未見引用或載錄。《海角經》之名較常見，如《宋書・藝文志》與《地理人子須知》中均有《天涯海角經》，想係明人結合古人所傳名稱而譌託，故其名包括元女、青囊、海角等三獨立名稱。

㊼納甲法，見後文之說明。於上引之《重校正地理新書》中，至少在宋代已經出現，可見其理論上的解釋有數種，然以月之盈虧爲正統之解釋。據云自漢代以來即已有之。後代解釋較明白者，如明代田汝成著《西湖遊覽志》〔世界版頁二八八〕。氏對杭州之風水有所說明，釋納甲甚爲平易。清代江永則以河圖洛書之數，升降而推演之，詳釋見王德薰，前引書，八〇頁，「以升降數明納甲之理」。以今人看來，似均無堅實之理由，然爲風水家必用之工具。

㊽在《朱子語錄》中有一段談到「冀都」的，他說：「冀都，是正天地中間好箇風水。山脈從雲中發來，

雲中止。高脊處，自脊以西之水，則西流入於龍門、西河，自脊以東之水則東流入於海。前面一條黃河環繞。右畔是華山，聳立爲虎。自華山來至中爲嵩山，是爲前案。遂過去爲泰山，聳於左是爲龍。淮南諸山是第二重案，江南諸山、及五嶺、又爲第三四重案。」見張伯行輯：《朱子語類》，第十頁。商務人人文庫，民國五十八年台一版。

朱子的這段話有幾種含意。他用《葬書》的觀念解釋全國的自然地理，打破了《葬書》以葬爲主的限制，使「巒頭」正式成爲一種環境觀念，不一定拘泥於禍福，同時，朱子的話說明傳至今天的，風水的自然環境架構，在宋代確實被廣泛流傳。他在本文中所提到的冀都，係今之北京城。該城在宋時雖曾爲金代之首府，但尚未形成元、明、清三代六百年的宏大規模。朱子此語，實爲北京城之未來下預言也。想來喜好風水的人十分願意引述此語，明代人所以尊崇朱子，對北平風水的預言亦有幫助吧！

(69) 孟浩：《雪心賦辨僞正解・地理辨》。原著於清康熙，台灣竹林書局，民國四十七年翻版，頁一。

(70) 見上引趙枋：〈葬書問對〉。

(71) 見劉基：《堪輿漫談》，收於《古今圖書集成・藝術典・堪輿部》中。劉基爲明人，此文應屬可靠。

(72) 此亦爲元代趙枋於〈風水選擇序〉中提出，足證「日法」於元代之流行。然而傳統之風水直至今日仍以「形法」與「向法」爲主。

(73) 見《明史・列傳》一五〇〈汪喬年傳〉。

(74) 周六松：〈附錄天元九略序〉乃蔣國宗著，《天元九略》之序，收於蔣著《地理正宗》一書中，見該書台灣竹林書局，民國五十六年版，頁一。

(75) 羅經爲一很古老的發明。根據李約瑟之研究，羅經的雛形自漢代即出現，即漢代的占卜盤「式」。今觀察「式」之復原圖，似即羅經中心的三環，於何時開始用在風水上，雖古人有說，卻無以爲據。李約瑟自今風水羅經上的正針與縫針、中針間角度之差，認爲天文學家觀察當時磁向與正子午向偏差所創，並判定其年代。其說雖爲推斷，其深研之態度實令人敬佩。詳見李氏上引書中譯本，第七冊，第四八五頁。李氏採清代吳天洪所著《羅經指岸撥霧集》之說，以唐初邱延翰使用正針，唐末楊筠松創用縫針，宋賴文俊創用中針。

今日所見之羅經，在明代必已流行，因《羅經解》、《羅經正解》等專爲羅經所寫之書多爲明人所著。

⑯在大英博物館中所收藏的羅經，爲清初所製，爲今之三元羅經。見 Feuchtwang：上引書所印出之照片。

⑰「大遊年訣」爲陽宅風水中，開門與主房之間的關係的吉凶訣，見下文的說明。後人不深究其運算的道理，只背誦歌訣。

⑱孟浩：見前引書頁二一一。

⑲蔣大鴻：《陽宅指南》，於趙唯曾著，《地理玄龍經》中，該書有民國十三年純根野叟序，此處引自台灣竹林書局民六十年翻印版，卷四，頁五。

⑳所以「巒頭」更適當的名稱可能是「山水」，傳統上以山勢之高低包容山水，高者爲山，低者爲谷，谷即水。

㉑在我國畫論中，直到清初才明顯的牽連到風水的理論。畫家系出道家，思想隱逸，對於世俗以禍福爲重的風水術，應該是相排斥的。直到後世，世俗的思想匯入士大夫的生活觀念中，才勉強結合在一起。直到今日，山水畫尙不能表達風水的空間架構的觀念，如在國畫中，瀑布爲十分喜愛之題材，而風水

中不喜「水響」，《雪心賦》中說「山秀水響，終爲絕穴」。

⑫中國文化精神以人爲本，以人體爲宇宙之縮影，對自然環境之解釋，雖有《葬書》的架構，卻亦不離人體。此引見卜則巍著，《雪心賦》，見前引孟浩註，卷一，頁一。在思想上與朱熹甚近，使人懷疑此書是否爲唐人所著。《宋元學案》之〈晦翁學案〉中提到「人生初間是先有氣，即成形，是魄在先」。

⑬楊筠松的《十二倒仗》爲尋穴的經典作，後世因之，有著作多種，但內容重複甚多。《古今圖書集成》中收有《十二倒仗》，又收有其他著作，包括《十二倒仗》在內者。

⑭此處及以下兩段引文，均引自葉九升，《地理六經註》中之郭璞《葬書》。

⑮引自卜則巍之《雪心賦》，見上引書，卷一，頁四。

⑯此爲傳統之說法，徐善繼說：「夫明堂者，天子之堂，向明而治，百【原「石」字，想係刻誤】官考績之所聚，天下朝獻之所歸也。地理家以穴前之地借名於此，亦以山聚水歸，其象殆相彷彿焉。」一見徐善繼，《地理人子須知》卷六上之三〈論明堂〉。變文中亦提到明堂分內、外，明堂萬馬乃指外明堂而言，內明堂指穴前之小明堂。

⑰陶淵明：〈桃花源記〉，見《古文觀止》等書。

⑱卜則巍：《雪心賦》，前引書卷一，頁一〇。

⑲見前引書。「沙」在風水上爲主脈之分枝，形成圍護之形勢者。故沙即山，所以最後一句話，實即「山明水秀」。形家論地，以龍、穴、砂、水四項分別相之【沙同砂】。卜氏此語可概括風水之大要。

⑳筆者曾於一博士論文中讀到以水爲龍的說明。外國人一知半解指水爲龍者甚多。

㉛此說特別爲蔣大鴻派的風水家堅持之。在蔣大鴻著之《天元五歌》中，特列〈水龍〉一章，強調世人混淆山水之誤。又收《歸厚錄》一卷，明冷謙註，亦強調平洋與高山論龍不同。以上均見前引蔣國宗訂：《地理正宗》中。

㉜亦爲《雪心賦》中之語。但說法雖略有差異，而同一觀念之文字甚多，如《雪心賦》中「論水法者，則有三叉九曲」，註中則云「九曲者，謂之玄水」。在《葬書》中最後一句話，「法每一折，瀦而後泄，揚揚悠悠，顧我欲留。」其意思是相同的，均見前引書。

㉝台灣的大宅見Dillingham，《台灣傳統建築的勘查》，一九七〇；及漢寶德、洪文雄：《板橋林家宅園的調查，研究與修復計畫》。一九七〇，台灣台中，境與象出版社。

㉞「砂」的重要性有不同的說法，或以龍爲主，砂較次要，或以「砂」爲決定禍福之依據，一般說來，愈到後代，對禍福之判斷愈求精確，砂之重要性愈增，繁複之處，使風水終成爲不可解之迷信。風水家稱「消砂」，即爲後代論砂漸忌大凶煞，因煞、砂同音，故以「消」其凶煞爲首要。

㉟自宋以來，風水家如朱子即以全國山脈的體系看龍脈。明以來的重要風水著作均以此開始討論，其要者，如上引之《地理人子須知》，分析了歷代首都之形勢。

㊱風水中之山水，貴在交纏，必須「山大曲水大轉」。如山脈一線直落，水不可能交結，所以「回龍顧祖」是很必要的。見上引《地理人子須知》上冊卷一，頁一〇。

㊲對台北市的解釋，可見於多位現代風水家的著作，本文所記爲劉星垣先生之說明，其意約略相近，雖細節略異。

㊳風水對砂形十分重視，與國人裝飾方面之象徵完全一致。左龍右虎是最尊貴的護衛。葬經中即有一節

以形判斷穴之吉凶，至後世則推至砂形。《雪心賦》中卷四專言「形」，開卷第一句就是「物以類推，穴由形取。」可說是以形判吉凶的理論基礎。本文因以環境架構爲主，未曾仔細討論，將於另文中申論之。

或以巒頭爲「形象」，可知形之判斷雖不免附會，卻被認爲最重要之準則。

⑲ 孟浩：《巒頭天星理氣辯》，見上引卜著《雪心賦》前言〈辯論三十篇〉，頁十。

⑩ 見上引書，卜則巍著《雪心賦》，卷二，頁一〇。

⑩ 同上引，卷三，頁二。

⑩ 風水中，吉星之形象即端莊圓淨，如貪狼木、巨門土、武曲金，形高大，或平寬，或圓渾，均以端莊勝，而破軍金，祿存土，廉貞火等山形均粗糙破碎，複雜之山形亦可以形貌相之以定吉凶，因與本文主旨無關，故略。

⑩ 理氣就是後世所稱之「向法」。但持「向法」者均同時相信「形」，故向不能獨立於山水形象架構之外，乃於形象之上運用卦向也。

⑩ 見上引書《宋元學案・百源學案》第五六頁。

⑩ 同上者〈晦翁學案〉第二五四頁。

⑩ 見上引李約瑟：《中國之科學與文明》譯本第三冊，頁二一八。朱子有一定的科學頭腦，所以可以推想到宇宙的起源與地球爲圓形。

⑩ 見上引張伯行輯，《朱子語類輯略》卷一。

⑩ 同上引書第二頁。

⑽ 李約瑟，上引同書譯文第四冊，第一〇一一六頁中討論河圖、洛書的時代甚詳，但究竟河圖爲十數，洛書爲九數，抑二者相反，到後世一直未有定論，一般均接受洛書爲九之說，排列見後文。

⑾ 後世民間相信有才能的人就是能陰陽數術的人，如對諸葛亮與劉伯溫等神化，即存有此心理。

⑿ 爲周敦頤〈太極圖說〉承《易繫辭傳》中之觀念。天以「陽生萬物，以陰成萬物」亦爲周之說法。周以陽、陰爲仁、義。見上引《宋元學案》頁七十四，然宋儒對陰陽之看法亦有差異。如二程認爲陰陽爲氣，爲形而下者〔見上書頁八六與一一二〕，對易「一陰一陽之爲道」提出解釋，張載強調陰陽之循環變化〔上書頁一四三〕，朱熹則認爲陰陽爲一元，「陽之退便是陰之生」〔上書頁一五五〕。宋儒討論陰陽用心思在理上，風水家引用，就覺通俗，然確反映他們不同的看法。

⒀ 見李約瑟對東、西「行」之討論，見譯書第二冊頁四〇五。

⒁ 見上引書頁四一八，古人論者亦多，如朱元昇《三易備遺》亦談五行異同，見《圖書集成・經籍典》，頁五九一。

⒂ 數之於吉凶，似自宋陳摶、劉牧等人始，他們把孔子贊易之用意，在「舉天地之極數，成變化而行鬼神之道」。見劉牧：〈易數鈎隱圖序〉，《古今圖書集成・經籍典・河圖洛書部》，台北鼎文版，卷五五，頁五四七。

⒃ 如將先天八卦與洛書九數重疊，則三畫卦之下爻爲陽者爲陽儀，下爻爲陰者爲陰儀，則一六七二爲陰，八三四九爲陽。同時，如以三畫卦中之初爻決定陰陽，則一二三四爲陰，六七八九爲陽，即以男女分合於河圖生成數之說。數有河圖、洛書之排列，卦有先天後天，又有橫圖、圓圖，因此數與卦重合之機會很多，以之定數之陰陽都可言之成理。

(116)子華子，〈天道〉篇說：「天地之大數莫過乎十，莫中乎五，五居中宮以制萬品，謂之實也。」見《古今圖書集成・經籍典・河洛部》，第五十五卷，鼎文版，頁五八四。

(117)宋儒討論數字，對十與五有特別看法。又以河圖之數和爲五十五，洛書數之和爲四十五均有特別意義，不斷加以討論，又易曰，大衍之數爲五十，頗令宋儒費解，蓋五十五爲天地之數，何以太衍爲五十？見〈朱子易說〉，《古今圖書集成》，鼎文版，五八七頁。

(118)八卦之來源或曰來自河圖、洛書，或曰包犧氏仰視俯察而作，又曰出於蓍，歐陽修據以認八卦非聖人所創，見歐陽修：〈童子問〉，《古今圖書集成・經籍典・河洛部》，頁五八四。

(119)《漢書・五行志》認係劉歆的說法。

(120)即「先天爲體，後天爲用」之說，爲術家的看法。見王德薰《山水發微》，頁三八第八節，「先、後天之區別」。又見蔣國宗〈後天說〉，見《地理正宗》。

(121)後天卦之推演有很多說法。宋朱元昇之《三易備遺》但先天由河圖而來，後天卦由洛書而來，但朱以十數爲洛書，九數爲河圖，見上引《古今圖書集成・經籍典》第五十二卷，即鼎文版卷五五第五五七頁。

(122)蔣大鴻以先天六十四卦爲玄空大五行，但是派的著作中仍以後天八卦羅經爲用。

亦有後天乃自先天推演而來的說法。

(123)宅之主卦有三說，一爲以坐山爲主，一爲以門向爲主，一爲以命宮爲主，以三者必須相合，故吉凶推斷相差不大。

(124)「卦氣」實即陰陽之分，數字之洽合。《辭源》「卦氣」條：「藝術家用八卦配洛書數，以奇偶分陰陽，亦爲卦氣。」其說並不完備，氣通數，以數解釋較佳。

⑫⑤ 詳論見前引王德薰《山水發微》第三三五頁。王氏該書對卦數之討論最爲詳盡，與一般術書中僅重歌訣不同。

⑫⑥ 筆者迄未能找到九星名稱之來源。把生剋關係訂名爲星象，乃筆者爲方便計所假定，至少在傳統陽宅風水中可溝通卦氣與術家俗說，國人重關係甚於個體，此假說似亦可通。

⑫⑦ 宋代以前雖有九星之名，其吉凶們並未完全定位，故有九星變之說，代表吉凶意義之「生氣，天醫」等，爲「八變」，見前引張謙著《校正地理新書》。

⑫⑧ 傳統陽宅風水的代表爲趙九峰《陽宅三要》，該書出版於清康熙，有台灣瑞成書局翻版，該書之原則簡要而明確，但後人顯然認爲太簡單，各有新說。如趙九峰以門、主灶相配爲之，而有人認爲灶之位置應設凶方，以壓凶，等等不一而是。在傳統風水中亦有分別。如趙九峰以「門」爲陽光之首要，而在乾隆末期出版之《八宅明鏡》以「主」爲首要，對灶之看法都不相同，他的說法是灶的位置要壓住凶方。

⑫⑨ 即使這樣簡單的原則，在實際操作起來，仍然有很多不同的看法。比如判斷一座住宅的吉凶，與羅盤上的方向有關，而羅盤放在何處，會有相當大的不同。有人主張放在天井中央，現代有人主張放在住宅的幾何中心，眞是不一而足。蓋一種不能證明的前科學的方法，賴于操作者個人之判斷，而均能言之成理。

⑬⓪ 在明代《陽宅十書》中，選擇佔有相當的篇幅，但其「日法」仍然是行動吉凶的推算。見《古今圖書集成・藝術典・堪輿部》，《陽宅十書》。

⑬①干、支紀日至少可上推至殷代,春秋戰國所紀干支均與後代連續。見朱文鑫:《天文學小史》,頁一三。

⑬②李約瑟在其《中國之科學與文明》物理學部分,曾用相當長的篇幅討論磁盤在中國之發展。該文中引用了王振鐸的研究,指出漢代有一種占卜盤名曰「式」,是方形的盤子與較小的圓形盤子的交疊,方盤上最外圈爲二十八宿,然後爲地支,再內爲天干與八卦。圓盤則以北斗七星居中,其外爲北斗七星的名稱,再外爲二十四向,後於圓盤之上加以勺狀指南針,方爲地盤,圓爲天盤。天盤之碎片曾在朝鮮墓中發現,如此爲實,則漢代確已有今天所見之羅經,只是其用途不同,見譯文第七冊四百頁以後。

⑬③有關干支與曆數的關係及其起源的討論,見李約瑟前引書第五冊,頁三五九起,〈六十甲子循環〉一節。

⑬④參看㉗,納甲的目的在給予二十四向的各向以卦義,而便推演其吉凶。二十四向中計有卦四,天干八,地支十二。卦本身無問題,天干八均以八卦納之。所餘地支十二,其中子午卯酉即後天八卦中之坎離震兌,亦無問題,所剩八個地支,即以「三合」連通之。三合者,即甲子辰合,寅午戊合,亥卯未合,巳酉丑合。

⑬⑤《辭源》「三合」條有二種解釋,其一即上註所釋,以生、旺、墓三者合局,生旺墓原爲命相中的用語,轉爲風水的水法者。這三向在羅經上呈三角鼎立。如甲子辰均屬水。其二爲引自《月令廣義》,爲年月日三合。如申年子月辰日相合,又舉《齊東野語》中故事:「淳熙中,孝宗及皇太子朝上皇於淸壽宮,周公益詩:『一丁扶火德,三合鞏皇極。』蓋高宗生於丁亥,孝宗生於丁未,光宗生於丁卯也,陰陽家以亥卯未爲三合,用事可謂切當。」不僅如此,宋爲火德,周公益的詩極盡阿諛之能事。這故事一方面可說明三合原自時間中轉來,同時亦說明至少在宋代,三合的觀念已經很流行了。

⑬⑥「三元」風水以甲子配九宮開始,後又加上「天、地、人」的觀念,以天爲上元,人爲中元,地爲下元。

後來的風水家，又把三元的觀念用在向盤上，稱「子午卯酉乾坤艮巽」爲天元卦，「寅申巳亥乙辛丁癸」爲人元卦，「甲庚丙壬辰戌丑未」爲地元卦，則「三元」亦自時間轉變爲空間矣。見前引趙魯源：《地理玄龍經》。

(137)如楊筠松等爲各派爭奪之宗主，故後世譌託之著作甚多，或有同書異解之情形，如楊著《青囊奧旨》即爲一例。

(138)這是傳統的界說，李約瑟是反對的，他認爲中國人有很深刻的歷史感，與西方具有同樣的線型時間觀念。但本文作者認爲元運的觀念適足以說明中國人的時間觀確有環形的性質，雖然在正統的儒家思想中也許不存在，李之說法，見 Joseph Needham, "Time and Knowledge in China and West", in Fraser ed., *The Voices of Time*, George Brajiller, N.Y. 1966.

(139)用干支紀年從王莽開始，先於此，僅用以紀日。

(140)見前引朱文鑫：《天文學小史》，商務人人文庫，民國五十九年版，頁十四。

(141)同上引，頁一六。

(142)這種上、中、下元的推算，顯然很久前已經開始，明代以來的風水著作，均標明其所著作年代的元。此處所引見前引王德薰《山水發微》，頁三二八。

(143)見前引趙魯源：《地理玄龍經》，第一卷第三頁，台灣竹林書局翻版。

(144)三元派的風水常有所謂「天機不可洩露」的秘密法子，上引《地理玄龍經》中卷一頁十五中說：「按挨星之圖，只有無極子授蔣大鴻順子局一圖。其中尙多隱謎，按圖索驥，則反失之。……古人之如斯鄭重，如斯秘密者，實恐洩天機而遭天譴也。」今之三元派作家，如曾子南，唐正一等均以蔣大鴻傳人自居，說法既不相同，在訣竅處均秘而不宜。舊重「向法」者，知其法則甚簡單，不得不秘之，使人神秘莫測也。

⑭⑮三元派的風水著作中顯然已融合了甚多傳統風水的原則，因此吉凶判斷的方式益顯分歧，以王德薰先生所著《山水發微》爲例，極具包容性，而幾乎承認前代一切說法，歸納而用之，有時不免矛盾。

⑭⑯明代周繼等著《陽宅大全》中已有命相的觀念，見該書卷三〈論福元〉節，然仍以修造時日等爲主要論命的目的。至乾隆末年出版的《八宅明鏡》，則直以「命」爲論陽宅之基本矣。兩者均見台灣竹林書局翻印版。

⑭⑰魏晉以來的消極的無爲的思想，就是一種認「命」的思想，就是「樂天知命」的人生觀。「樂天知命」是不得已的，要經「養生」才能去悲存樂。故郭象的〈逍遙遊注〉中說：「未悲生於累，累絕則悲法。而性命不安者，未之有也。」悲從何來？從紊亂的政治局面中來，參考容肇祖：《魏晉的自然主義》，商務人人文庫，台民國六十九年版。

⑭⑱這是「排掌」所使用的名詞。過去的命相家爲了「捏算」方便，將三元、九宮、八卦全排在掌上，如圖五。「倒數」即反時針方向數，「順飛」即順時針方向飛，數與飛，都是談干支紀年，倒與順有男女之別，欲知其註，見上引《八宅明鏡》。

第二章　風水宅法中禁忌的研究

在傳統的堪輿術中，陽宅所佔之部分甚有限，陽宅即住宅，乃對應陰宅，即墓穴而言。據說堪輿之法始於漢朝以前①，目前流傳甚廣的文獻中，以東晉郭璞的《葬法》較早，且較可信②。該書，顧名思義，爲陰宅風水之理論根據。我推想傳統的堪輿術乃以葬法爲主，陽宅的吉凶是自不同的來源推演出來的③。到後來，陽宅與墓穴漸融於一體，但到清代尚不能混爲一體。大部分堪輿著作中，陽宅所佔不過篇尾而已。到明代始有專談陽宅風水之著作。印行於明萬曆十年的《陽宅大全》爲一部流傳甚廣的著作。其中有一段話說：

> 江以南不解宅法，且以葬法解宅法，宅法更不可解矣。解宅法相傳始於牛禪……④

這裡說明兩點：第一，葬法與宅法應該是不相同的，到江南才混爲一談；第二，宅法始於牛禪。前者是很有見地的說法，在此不擬詳加討論，後者所提的牛禪，則不知其時代，亦無法考據。但該文中指出後世稱宅法始於黃石公，甚至曾、楊、廖、賴者，大多謁託。明代的作者有此說法，可知宅法在古代是混亂的，一直不能形成淸晰的體系。

然而到後世，流行日廣，而且受到重視。更認爲陽宅與陰宅力量不同，而所繫尤重，甚至把歷朝國都的遷移與邦國的禍福都連在一起了⑤。由於這種趨勢，風水對我國民間的生活，有了很徹底的影響。明淸以來，我國人民生活在風水的禁忌之中，營建宅舍，雖未盡合乎宅法，卻被籠罩在「地理師」的陰影之下⑥。到今天，要了解傳統建築，風水幾乎成爲不能少的知識了。

一、研究宅法禁忌之意義

風水的宅法與葬法相同的，是它們各有一套相當繁複的演作系統，雖然比較起來，宅法比葬法還是單純得多。對於堪輿家以外的大衆來說，不論是無知鄉民，或知識份子，演作的系統是沒有意義的，風水只是一些禁忌而已。所以把風水的禁忌看成風水的本身並不爲過。禁忌是深植中國民心的風水。

這不是說風水的演作系統不重要；我接觸風水，也是自體系的了解入手。但是在研究的過程中，發現風水的體系，不但相當艱澀難懂，而且有各種派別，又各自演而爲支派，自明代以來，著作確是汗牛充棟，然無兩書完全相通者⑦。從這一角度看，風水是一門無法整理的學問。無怪乎大部分堪輿工作者，不讀書亦不認眞研究，僅記得若干歌訣⑧。我發現有大部分的執業風水師，不能了解，也不求了解羅經。有些只認得其中天、地、人三盤而已。何況即使是羅經，也有多種，代表了不同的系統觀念。我發現，除了禁忌，即使在風水師之間也沒有共通的語言。這使我相信，對於系統的研究，固然可以了解風水的所以然，但要了解風水對民間生活環境的影響，則須從禁忌入手。

宅法上的禁忌何時產生的？怎樣產生的？恐怕要人類學家做專門的研究。自古籍上一麟半爪的資料看出，宅法在尚無系統觀念可言的時候，先有了禁忌。至少在戰國時代，我國有不可向西增宅的禁忌⑨。所以這種禁忌與其他來自原始宗教的禁忌，應該是沒有多少分別的。後來，易卜與星相的系統開始進入宅法之中，到漢朝，始有了整套的理論與方法。但爲了一般民衆的了解，理論是沒有用的，必須把推演出來的結果，以簡單的語言說出，使大家在經營住宅環境的時候，知所規避，以便「趨吉避凶」。這屬於迷信是沒有疑問的，在東漢時代，學者如王充就爲文抨擊了。

近幾百年來，宅法幾乎完全歌訣化、禁條化，以便風水師與民衆都可以記憶，可以琅琅上口。即使知識份子所推演的結果，也必製成歌訣的形式。可以想像風水理論與民間習俗產生了交互影響的關係，而這些禁忌所形成的固定觀念，口口相傳，繪聲繪影，因而深植人心，無形中影響了居住環境的塑造。

把風水當做研究的材料，是外國人開始的，至今已一百多年了⑩。他們因身爲傳教士，深入民間，能通方言，對於風水與人民生活習俗的關係，有深刻的體會。他們的記述與報導是就事論事的，所以是很好的研究的素材。同時他們也是學者，有些報告是很有系統，而且相當完整的⑪。但一般來說，當時的外國人，把風水當做中國宗教系統的一部分，也就是看做一種迷信，並沒有留意到它與中國文化間更深刻的關係。

李約瑟是現代學者中非常重視風水的研究者。他自科學的角度著眼，把風水當做中國天文、航海科學的一部分資料。他是愛護中國文化的學者，不肯說風水是一種僞科學，而看成爲前科學。他對天主教人士到明代宮庭中燬掉早期的堪輿著作，認係對中國科學史不可原諒的破壞⑫。

外國學者，不論是過去的還是現在的，都不注意禁忌。他們由於思想背景之故，都傾向於系統的研究，對於禁忌，他們就當然看做落後民族的現象了。而我國清末以來的知識份子在骨子裡是很痛恨迷信的，所以沒有人認眞的研究這類問題⑬。中共是繼承現代主義的思想的，對風水嚴格禁絕，大陸所剩的風水著作恐怕都已被燬了。台、港及海外的中國人，對風水有興趣的人很多，不幸大多是傳統的犧牲，他們相信風水才研究風水，跳不出風水的工具性⑭。

年輕一代的風水研究者，都是宅法的支持者。因此他們著眼於應用，對於現代都市社會的公寓住宅有特別的興趣。但是他們忙著把傳統的宅法加以改造，或予以解釋，以適應今天的社會，其基本的立場是系統性的重建，對於禁忌很少接觸到，這也許因爲他們大多是知識份子的緣故。

我研究風水宅法禁忌的目的，並不是爲假科學找到眞科學的依據。在合理主義思想流行的今天，建築家們最容易持有這種態度研究風水。他們先假定風水是一種古老的智慧，而試圖去參透，建築界的學者對風水發生興趣者，大多屬於此類。在戰後，日本名建築家清家清出版《家相學》，即以科學的理由解釋日本風水中的禁忌⑮。這種做法，雖不能完全反映民族自卑感，至少是用西方的準則來衡量東方的文化，太牽強附會是可以想像得到的。

在環境保護主義盛行於全世界的今天，也頗有人以為風水是中國固有的自然環境的體系，可能有助於世人了解如何與自然界共存。這一觀點有某種程度的正確性，但限於葬法中的形法⑯，與禁忌沒有關聯。

我研究風水中的禁忌是自文化面著眼的。毫無疑問的，與西方合理主義的建築學比對起來，我們對居住環境的塑造方式是屬於非西方的象徵主義的一類。我們自古以來，沒有建築的理論，沒有功能主義的觀念，也不把建築看做一種藝術。雖然在明清之際的士人間，出現過模糊的，堅固、實用、美觀的觀念，但不具有西方的分析性，並未形成顯著的影響⑰。特別在民間，對建築的要求比較簡單，其使用的建築準則，即使在堅固、實用與美觀方面，也都依賴超自然的界說，就是用吉凶的觀念來解釋。他們不說不實用，而說不吉；不說不美觀，而說凶。在工程技術上，他們則使用一套木工專用的吉凶準則，以代替「工程手冊」⑱。正因為如此，仔細分析起來，他們使用的一些禁忌與準則，並不都能禁得住科學的，甚至常識的分析。

我想通過禁忌的研究，知道風水在傳統居住建築中佔有的地位。風水怎樣在我國嚴密的家族制度，及固定的格局與形式中具有影響力。風水在禁忌與住宅形式的社會條件之間互相影響的因素是什麼，其中有沒有歷史的與發展的關係。這是最重要的一個層面。

我也想通過風水禁忌的研究，知道哪些重要的建築形式的象徵是受風水的觀念的影響而塑造成功的。風水的禁忌與陰陽五行原則普遍的應用有時候很難分開，所以這一層面是建築家最有興趣的，卻也是不容易有結論的一部分。

我很想自研究中，找出風水禁忌的大體的範圍與數量。研究這些禁忌屬於固定形式，不因時空而改變著，或各系統推演而來，因時、地、向而改變著。研究它在風水先生們的心目中是否具有普遍性，抑或仍然各持一說⑲。具體的說，我希望藉由文獻的統計與整理，對禁忌試行分類，對其產生的原因試加分析，同時對各派別的風水禁忌試加討論。這是一個很大的題目，我到目前完成的工作只是初探而已。

二、研究的方法

對於風水禁忌的研究原應自文獻與調查兩方面著手。調查的對象應爲現尚執業的風水先生，與一般社會人士。筆者研究風水的幾年中，曾與若干風水師面談，發現他們大多無法做有系統的說明，或抽象之解釋，他們對於現場的研判比較有信心，可以很快指出風水上的缺點，並斷言其吉凶。然發現他們所常談到的禁忌，除與系統有關者外，與一般人所了解者無異，所不同的，他們的指證較爲明確，判斷較有信心。

比如說，目前社會上所流行的禁忌，最被取信者爲「沖」，即建築物正前方忌有刺激性、傷害性的形象存在。具體的說，建築忌面對道路，面對屋脊、山牆，面對電線桿等。但亦有風水師把這些禁忌歸之於系統⑳，亦有持不同論調，視之爲吉者。

風水師對過去流行的禁忌的範圍大加縮減，且呈現紊亂的原因，自然與建築的現代化有關。過去的吉凶多爲傳統院落住宅而設，在今天的城市高密度建築中，多已無法解釋，而可以引用者，亦就個人之解釋而有異。這種混亂的局面，使得今日的城市居民，益發依賴風水師的親自研判，風水術在今天益爲神秘，爲常人所不能領會了㉑。

爲了以下的三個理由，我決定仍以文獻的資料爲基礎加以整理。其一，因爲風水文獻中所呈現的禁忌，項目非常多，包含了一切目前我們所相信的重要或不重要的吉凶的判斷，比較更能窺其全貌。第二，自古代的資料中，整理禁忌的類別與性質，更能深入了解風水對我國居住環境形成之影響。第三，自文獻入手，可以避免落入今天風水師間之紛爭，減少研究上的困難，不受新創說法的困擾㉒。

但文獻的整理本身就是十分困難的。我國有關堪輿的文獻有三大特點，一爲多，二爲雜，三爲亂，已在另文中詳述㉓。因其多，故有選擇之難；因其雜，故有判別之難；因其亂，故有整理與了解之難。

僅舉一例，說明其雜「亂」。在宅法著作中，以明萬曆時出版的《陽宅大全》最具包羅性。該書目前的版本為台灣竹林出版社翻印民國二十一年上海廣益書局之石版線裝本。而上海版則是根據清宣統二年的版本影印的。再向上推就無可考了。這本書由於其編輯的方式非常不清楚，印刷商又在封面及內頁印了「歷城周繼著」字樣，令人粗看起來似一本包羅甚廣，表達一位作者觀點的著作。但仔細讀其全文，才知道這書是一個集子，周繼著部分不過全書的一半，其他尚有四篇是託唐人李淳風與楊筠松的作品，分別由明人、清人所校勘的㉔。所以一書之中就出現了很多重複與矛盾。這自然不能怪古代的作者，只能怪清末的出版商，但卻可反映堪輿出版物紊亂的情形。

尤其困難的，這類書籍凡經後期刊印的，大多錯字連篇，沒有適當的校對。只有多所涉獵，經過相當的研究，對堪輿的基本架構有所了解之後，才知道其所以難懂，乃因錯字太多之故。

本文中所選用的文獻，乃基於下列原則：

第一，清代及以前所流傳下來的，以避免今人杜撰之作。第二，以宅法為主，或以葬法為主卻有相當明晰的章節論宅法者。第三，解說分明，不致有過多錯誤或導致誤解者。

根據以上之原則，經過再三的考慮，決定以最具時代明確性的四本書為骨幹，再以其他次要著作上的材料加以補充。這四本書分別為：

一、金代刻版《重校正地理新書》㉕。該書為結合宋代宮中堪輿著作與民間流行的風水所彙編，並有詳細的注釋。這部書是在風水研究上最重要的典籍，已出現相當數量的宅法禁忌，且有圖解說明。這是一部承先啓後的古籍，一方面承續了古典風水的理論與實際，同時對後世俗化的風水及山水法有開啓的作用。故其中載列的禁忌是值得我們注意的。

二、列於《古今圖書集成·藝術典·堪輿篇》的《陽宅十書》㉖。此書爲陳夢雷所精選，故系統分明，章節完備，圖樣齊全，版本良好，是一切宅法著作中最具有代表性的一部，雖然仍難免同著作中重複拉雜的缺點。本書並未註明作者，但經查《明史·藝文志》，核對文中所透露的端倪，可確定爲萬曆年間王君榮所著。

三、前文所討論的《陽宅大全》。周繼爲明萬曆間人士，屬於明末風水流行的時間。可惜《陽宅大全》中所包含的託文是否爲周繼所輯入，無法作肯定的判斷。由於本書爲廣泛流行的著作，我們暫尊重傳統法的看法，假定該書全文均爲明末流傳下來的㉗。其實該書中附錄的禁忌以託文中較多。

四、清中葉出版的《八宅明鏡》㉘。此書在傳統宅法中最爲流行，爲譌託唐人楊筠松之著作。市面上翻印的版本乃根據乾隆年間的本子，在上海鉛印的。上有乾隆五十五年「顧吾廬」的序，謂由「若冠道人」所傳。本書與《陽宅大全》同樣錯字百出，其內容已歌訣化，知流傳已久，而且內容主要以禁忌爲主。

縱觀這四本書，其歷史的關係可以下表說明：

宋元　　明末葉　　清中葉　　民國

《重校正地理新書》→《陽宅十書》
《陽宅十書》→《八宅明鏡》→《陰陽地理風水全集》

《重校正地理新書》與《陽宅十書》都有半官書的性質，其取材與編輯比較嚴謹，插圖亦佳。自內容看，《陽宅十書》中顯然包括了一部分先代著作中的禁忌，可以看出一種傳承的關係㉙，其爲淸代皇室刻版典藏是有道理的。而《陽宅大全》與《陽宅十書》同屬於我國文化廣泛俗化的明萬曆年間，在精神上是大同小異的，在方法上亦大體相類，只是前者幾完全以通俗歌訣等爲主，不如後者有古典的嚴謹性而已。

以《八宅明鏡》爲代表的淸代風水禁忌，就完全承襲了《陽宅大全》的屬於民間的傳統，宋元間的風水觀念與禁忌就完全消失了。

這樣的選擇，首先不免受到是否具有代表性的抨擊。事實上，我曾打算包含不同流派的禁忌。在台灣，流派之間的爭論很激烈㉚，上列的幾本書都屬於三合派，我稱之爲正統派。對於在台甚爲盛行的三元派的著作，曾加搜集、研究。我們發現在台著述的三元派著作，若有禁忌方面的說明，大多與正統派無甚分別㉛。在三元派中，比較具有代表性的，有出版於淸嘉慶十九年的《地理正宗》㉜，與出版於民國十三年的《地理玄龍經》㉝，均爲葬法、宅法合論的著作，並都收集了作者認為重要的三元派經典作。兩者都包括了明末蔣大鴻的〈陽宅真機〉一文。我們發現由於三元派為自易卦演出，帶有濃厚的知識份子的理性色彩㉞，對於迷信意味濃厚的禁忌都不很重視，而是以「氣」論吉凶的。所以在查禁忌的研究中，並不具重要性。為了簡化問題，就略過了。

但是對於出版於民國以後的正統派作品，我們還是包羅了較為流行的《陰陽地理風水全集》㉟。該書因文字淺顯，系統較為分明，又曾以《風水講義》之名為人一再翻印，故初習風水者多採用為入門書。我們容納了其中的禁忌，可以看出民國以來禁忌觀念與清代禁忌之間的傳承關係。

在選定了這些文獻之後，要決定怎樣整理。我們採取的步驟，是在紊亂的文義與歌訣中，找出屬於非系統性的，類似迷信的一些規定。這些禁忌大多混雜在文字敍述之中，也有條列在一起者。我們加以處理，予以分類，整理為一條目井然的圖表。

圖表化是自《陽宅十書》中得到的靈感。在傳統的風水著作中，有不少附了圖解。圖解一目瞭然，有助於對歌訣的了解。尤其經過官家刻版的《陽宅十書》，圖解最為精美，使人感覺可以倣效整理。事實上，《陽宅十書》的圖解法在金代刻本的《重校正地理新書》中已使用了，而且有粗獷質樸之美。因此這可以說是我國宅法著作的一個傳統，對晦澀的文字有顯著的補充作用。我們的整理工作既然以清晰為目的，採用此法是理所當然的。

傳統著作中的圖解並不表示一定是清晰的。各書圖畫的方式不同，表達的方法很幼稚，略爲複雜的觀念仍難以索解。爲了比較方便，我們把古書中表達明晰的圖解直接錄來使用，也補充了一部分圖解。對圖解的補充一方面因古書中部分禁忌缺乏圖樣，同時有些圖解甚不易了解，要用新的圖解來加以解釋。圖解既已採用古書使用的方式，新補的圖，除非有表達的困難，仍然用古式的畫法。爲了延續前人的觀點，建築仍採傳統之式樣，本文爲一種回顧性的研究，避免使用現代建築，乃不願與現代職業風水師發生牽連。

二、《陽宅十書》中的禁忌

由於上節所述的理由，對於宅法禁忌的整理，是自《陽宅十書》著手的。由於雖選定了具有代表性的著作，其中舉出的禁忌重複矛盾的仍很多，取一個比較完全的本子爲基礎與架子，加以整理，然後把其他著作上的禁忌與它相對照與補充，是一個方便的辦法。我們可以把重複與矛盾對照起來，藉以了解風水演變的大要，及其內在的嚴謹性及短缺性。

該書是由清皇室刻版的，未經後世翻刻或影印，我們能取到中央圖書館原書的影本，是一個很大的優點。圖面清晰、錯誤極少，其內容之整理、彙編尙稱嚴謹，就事論事，不以批評他人著作爲務㊱。尤其重要的是，本書除了圖說配合甚佳之外，是對禁忌條例最豐富、最明晰的一本書，爲後世宅法著作之依據㊲。

這本書也有缺點。那就是在禁忌較多的幾章，採用先文字後圖解的編法。顯然的，文字部分爲編集而成，圖解或可能是根據不同的來源編集而成，兩者並不完全相符。圖解下面的文字是歌訣式的。不但圖樣不完全能解釋文字，而且有互相矛盾之處。這是編集式風水的著作所犯的通病。(圖解與約略同時的〈三才圖會陽宅篇〉爲同一來源)

《陽宅十書》，是指宅法以十章所組成。計爲〈論宅外形〉、〈論福元〉、〈論大遊年〉、〈論穿宮九星〉、〈論元空裝卦〉、〈論開門修造〉、〈論放水〉、〈論宅內形〉、〈論選擇〉、〈論符鎭〉。其中〈論宅外形〉與〈論宅內形〉爲陽宅空間方面之禁忌，〈論選擇〉則爲時間方面的禁忌。其餘除鎭符外，皆爲系統性的推演的說明，並非純粹的禁忌。由於本文所討論的主要在空間與形式方面,我們所引用的資料幾乎完全出於〈論內形〉與〈論外形〉兩章。

在〈論宅外形第一〉中，開宗明義，說明陽宅與陰宅在形勢上的要求沒有分別。緊接著就用文字敍述了禁忌二十四項。其中有關住宅四周環境者十二項，有關大門前環境者十項，大多因襲《重校正地理新書》中的說法。另二類一爲宅井，一爲有關建築大門者，後者有細目二十一目，包括了大門構造方面的禁忌等。若干細目與上文有重複，顯然是採自不同的來源。

在主要文字之後，作者收進了三段歌訣，可以證明編著者的態度是屬於不加選擇的廣泛採納主義者，與其他的風水著作完全相同。第一段歌訣，爲說明房屋的周圍有坑是不吉利的，並明確的指出各方向之坑代表何種災禍，與前面文字的敍述未必完全吻合。細究其禁忌的原因，大約是附會於五行，隨意推演出來的[38]，所以我們決定不予採用。

第二個歌訣乃採自《何知經》。該經爲有關面相、命相、風水方面的吉凶歌訣，此處所採，爲風水方面者，計二十六項，大多爲住宅四周景物吉凶之批斷。其中有一部分與前重複，有些則爲前文及後圖中所不備，另有些則因文意含糊，無法了解其意指，只能根據對風水山水法的了解加以判斷。如「何處人家出富豪，一山高了一山高。」並沒有說出住宅之關係，但我們只有猜測，住宅附近的山，以層層重疊爲貴。我們決定暫不予採用。

第三個歌訣甚短，爲〈宅忌架橋梁歌〉，即宅廳的前後左右都不能架橋。不知其原故。在迷信流行的時代，這類歌訣禁忌想來是很多的。編者於列出此訣後有一句附語：「此法屢驗，故特標爲一訣。」[39]

本章主要的部分是圖解。計一百三十二圖，均以歌斷其吉凶。所謂外形，即外在的環境與整座建築的總平面的形狀等，可分爲三部分，第一部分爲傳統住宅平面的外輪廓線，計十一圖，大多與金代的《重校正地理新書》有傳承的關係。第二部分共五十七圖，則爲住宅外在環境吉凶斷，即住宅與四周景物的空間方位的關係。與金代上引書有部分關係。

住宅四周影響吉凶者，計有坵、沙、塘、水、池、山、崗、墳、道、林、桑、陵、埠、嶺、坡、河、溝、廂、寺等，其中坵、丘、山、崗、陵、埠、嶺、坡等屬於一類。這些名詞，除了在規模上不同外，看不出其特殊相異處㊵。這些字不但文意相近，在該書所繪圖說上，也沒有顯著的分別，相當於金代上引書圖說中的「高」字。使用這些字眼恐怕只是爲押韻及修辭吧！如有一圖，解說：「宅前林木在兩傍，乾有丘埠〔阜〕艮有岡。」丘、阜、岡沒有根本差異，只因用岡押傍韻，且避免第二句重複而已。這是歌訣化後帶來的特色。只有一個「沙」字是很費解的㊶。

同樣的道理，塘、池、水是相同的，河、溝、長坡、水是一樣的。前者爲靜水，後者爲動水，水字之涵意就要看文意推斷其動、靜了。

在山、水之外，則爲林木、道路、墳墓、寺廟㊷之屬，在鄉野中可見之景物，綜合的說，《陽宅十書》中所指「外形」中的環境，包括的項目雖多，都反映了農村文化的色彩，不用說市鎮了，即使農村集落之近鄰關係都沒有考慮。第三部分佔有六十四圖，近乎全部圖樣的一半，爲大門的正門圖，描述傳統住宅大門外的景物。這一點說明了我國傳統環境觀念中的重點在於門面。由於金代著作中並沒有這一部分，我們可以合理的推斷，大門面對環境的重視之普及化始自明代。這也許是理學思想影響風水體系以後，「氣」的觀念爲大家普遍接受之故。所謂「開門納氣」，門前景物的禁忌就增加了。

在六十四圖中，有十八圖與水塘之形狀與位置有關，有十八圖與樹木的形狀與位置有關，有十七圖與山、石之形狀與位置有關。大部分仍然是自然景物。只有少數與道路、房屋有關者。

綜上所述，在平面上，吉凶的判斷大抵與平面形狀與鄰近山、水的方位有關，在大門前的環境方面，吉凶的判斷則以水塘、樹木、沙石、道路的形狀爲主，方位與方向次之，所以後者更接近禁忌迷信的意味。

在附錄中，我們把這一百三十二圖略加整理，變換原有的順序，簡化其斷語，逕以吉凶表示之，做爲統計之綱要。然後把文字中所述禁忌未包括在圖樣中者，補充之，並與他書所載比對列入，使成爲一完整之資料，供讀者參考。

《論宅內形》在第八章，也可分爲兩部分。先文後圖。所謂「內形」者，爲指宅子圍牆之內的一切形相、位置等所兆之吉凶，包括了開門、開間、天井、水路、構造、碓磨位置、造宅次序等。在文字部分，有〈火啗說〉，特別說明了廚房灶竈之位置吉凶。在本書中已透露出住宅風水特別重視大門與灶竈的傾向，到了清代中葉，才發展爲《陽宅三要》的理論，把門、灶，與主房並列爲相生相剋的主要因素㊸。

文字之外，附有〈陽宅內形吉凶圖說〉計四十八圖，與「外形」一樣，圖與文並非完全相配合的，部分似爲文字之解說，部分則與文字互相補充。

在四十八圖中，有關單一建築與附加建築之形相者計二十四圖，佔二分之一。關於宅第中各座建築相關位置，即配置關係者有二十圖，亦幾近一半。餘四圖則與樹木有關，我們整理這些圖的方法與「外形」的圖樣相同。即變換次序，簡化註釋，增加新圖。

四、《重校正地理新書》中的禁忌

前文提到，金代刻印的這本書，在傳統風水術研究中，具有非常重要的地位；它不是陽宅的專書，但其第三與第四卷，實際上以陽宅爲主要內容。這本書中並沒有如後代一樣成熟的陽宅風水理論，因此沒有系統性的論說。由於當時流行的風水仍爲古典的五音地理，即使在文句中透露了些微系統推演的消息，與我們今天所熟知的，發展於明末的理論不能互相貫通。所以此書的陽宅地理實際上等於當時的禁忌大全㊹。

該書的陽宅方面的禁忌，主要集中於第二卷的〈宅居地形〉、〈地形吉凶〉，與第四卷的〈水勢吉凶〉、〈街巷道路吉凶〉、〈草木吉凶〉等節。第三卷討論的是山之形相，以形狀斷吉凶，對早期風水的形家斷法，甚有文獻價值。但因不限於陽宅使用，在形式象徵的原則上與後代無殊，我們將在後文中另章討論，就不在此處深入分析了。

在〈宅居地形〉與〈水勢吉凶〉兩節所論，實即日後《陽宅十書》中所說的「外形」，其內容除與五音地理有關者外，包括住宅四周環境景物的吉凶，宅地各向高低之吉凶，宅地凋枯的吉凶，及水流方向的吉凶。與《陽宅十書》加以比較是很有趣味的。爲了比較上的方便，我們把其文字中所述禁忌，就可辨識的，列出七十餘項。除了與《陽宅十書》中所載重複者外，亦予以補充，並加以比較。一般說來，早期的禁忌，與明末官書所載相較，有如下之發現：

第一，《陽宅十書》確實承襲了部分宋官書的資料。其中數項，文字幾完全相同㊺，為後世陽宅風水中不載。其中最值得注意的一條，是「凡宅左有流水，謂之青龍，右有長道，謂之白虎，前有汙池，謂之朱雀，後有丘陵，謂之玄武，為最貴地。」㊻這顯然承襲了漢代以來的觀念，與後世把青龍、白虎均解釋為山丘不同。

第二，《重校正地理新書》中對外形的環境，是比較細緻而抽象的，其中最明顯的是宅居所處地點的地形高下。所以在其個別的說明中，採用高、下者佔大多數，指明為山、丘、岡的，佔極少數。這一點與《陽宅十書》所載有很大的分別。因為以具體而明顯可見的山、丘為斷，其適用性顯然較為狹窄，而不夠細膩。

第三，早期對外形的環境有較客觀的觀察。這是說，後期風水的著作，對吉凶的判斷乃以宅位為主體來觀察的。即先決定了宅位，再觀察其四周的景物，以占其象㊼。然而在《地理新書》中，有很多例子，只討論地形本身的吉凶，而不涉及宅位。其中〈地形吉凶〉一節，雖仍雜以宅居地形，大體上是以地形論地形的。這一點與後世風水的觀念大不相同。

在〈水勢吉凶〉中，提到水名有九，並有圖解以說明。這九種「水」為流水、橫洿、帶劍、鬥水、箭水、瀆血、亂水、客水、逆水，其中至少有四種水並不包括它的位置在內。

如逆水，即自南向北流的水，主凶㊽；這樣的地理，不論宅位在哪裡都無法化解。類似的禁忌，在後世的風水著作中是很少見的。

《地理新書》的第二章與第四章均有圖解。

在第二章中，對建築輪廓的吉凶斷，不論圖解或文字，完全沒有後期方正爲上的觀念。這一點與《陽宅十書》比較，可看出明代有風水思想上逐漸轉變的情形。《陽宅十書》顯然仍保存了早期的觀念，因此出現一些矛盾。在此處的圖解中顯示，梯形的建築只要長底在右或在後就可用〔吉〕，工形的建築，如束腰處爲東與西則大吉。尤其有趣的是該章中有十二個附圖，對方形平面「不足」〔缺〕之位置的吉凶有所說明，肯定的顯示宋代以前的中國並沒有方正至上的觀念㊾。

如果把正方形以井字分爲九份，而去其一份，則缺北之位置除西、西北、北外，餘均爲吉。如去其二分而是工字形，則缺東西吉，缺南北凶。如去其四份，則十字形凶，斜十字形〔即明堂形〕吉。這些吉凶的判斷沒有附帶任何系統性的解釋，只能把它們看作禁忌。值得注意的是，工字形住宅在後期風水中是大凶之宅。

第四章〈水勢吉凶〉中有挿圖五十二幅，其中與陽宅有關的只有十九幅。這些圖大部分表示住宅與河川、汙池間的關係，並占斷吉凶。由於這一章是冢宅並論的，我們證實了早先的一些看法，即宋代以前的風水，在山水方面尙沒有明確的系統觀㊿，而是以禁忌來判斷的。在這些禁忌中，也許看出一點系統性的方向，卻沒有理論出現，而《陽宅十書》就顯然先自理論開始討論的。

第四章〈街巷道路吉凶〉一節中，對巷道與住宅的相對關係，畫出三十三幅圖，並各斷其吉凶。這一節最有趣之處在於三十三圖均表示凶，是最合乎禁忌條件的。經分析這些圖樣，其中的十二圖是單路直衝，幾乎任何方向的來路，直接通往住宅的都主凶。有四幅圖表示出十字路口的任何一角都不吉利，困在井字路中間的亦凶。這樣推斷，建築似乎只有坐落在街旁才成。大街不能在北邊。

道路的禁忌顯然會影響都市的規劃。這些禁忌非常不利於格子形的城市，在唐代以前以格子形爲主的規劃觀念顯然不會產生這樣的禁忌。宋代以後，我國市街放棄「坊」的形式，改採線型巷道的發展後才能產生。但風水的禁忌曾否在線型巷道的發展上發生促生的作用，是很值得研究的問題。

至於同章中〈草木吉凶〉一節，舉出了草木種類與方位間的禁忌，是屬於早期地廣人稀的農村所有，後代淘汰了，此處不擬討論。

爲了研究者的方便，我們把本書宅法的圖樣加以整理後，編列《陽宅十書》的圖樣系統裡。在前文中提過《陽宅十書》是受到本書的影響的。經過整理後，特別是在〈外形吉凶〉的部分，我們可以肯定，本書是王君榮的主要參考資料。有些禁忌可能在當時已經不流行了，只因中國人重視古籍，才載進去的。但本書的大部分禁忌還是因爲不再適用於後代社會而被放棄。

這些資料凡是我們覺得有比較與參考價値的，都納入圖表，其餘則在文中討論。

五、《陽宅大全》中的禁忌

明代的風水著作除《陽宅十書》外，以《陽宅大全》所容納之禁忌最多。前文提到，此書爲編集多人著作而成。事實上，周繼著作部分，已經明顯的進入晚明系統化風水的潮流，禁忌很有限。倒是本書中收集的當時流行的托古的本子中，禁忌比較多。質言之，本書卷九〈陽宅神搜經心傳秘法〉與卷十的附錄㊿〈楊公十八忌玄空經房煞〉才是我們要討論的。由於後者只有十八條有關宅相的禁忌，有些與〈神搜經〉所載有若干重複之處，故本節以整理〈神搜經〉之內容爲主，以補《陽宅十書》之不足，我們相信《陽宅大全》雖爲一雜湊，可能更正確的代表流行於明代風水的觀念。

〈神搜經〉除羅經與九星二章外，其後幾均爲與禁忌有關之章節。依次爲〈相形〉、〈相堂〉、〈間數〉、〈間架〉、〈論門〉、〈道路〉、〈天井〉、〈結構〉、〈造牆〉、〈放水〉等，大都五行與禁忌互舉。其中有附圖二處，一爲與格局或配置有關者，計十九圖，二爲與宅內各房規模有關者，計六圖。圖均甚簡單，畫法幼稚，故在格局方面，有若干圖樣甚難了解。第二部分則爲立面圖，較易了解，在可能範圍內，都編入圖表附錄中。

《神搜經》是晚明以來我國陽宅風水最重要的文獻之一。它的很多觀念爲以後數百年風水著作所因襲。在《陽宅大全》中是惟一沒有舉出作者的文章·，連托也沒有。它同時是王君榮《陽宅十書》的參考資料，因爲《十書》中至少有一段是自《神搜經》中抄錄的㊾。這可以說明此書的成書年代至少是在明代中葉。

在配置方面，《神搜經》中的吉凶判斷幾乎完全以金、土吉形爲依歸。在凶宅的說明中，均建議修改，使具有金、土形相，亦即三合或四合院，天井方正，屋宇整齊勻稱、均衡對稱等，幾乎沒有例外。這特別顯示，到明代的中國，風水的吉凶已與住宅的空間觀念完全符合。反過來說，按照傳統中國人的生活所建造的住宅，大概是合乎《神搜經》上的風水原則的。

這一點與前引兩書中的配置原則形成相當明顯的界線。在前文中已提到，早期風水觀念中並不禁止住宅的形相有不整齊的情形。《陽宅十書》的圖樣中似乎也以金、土爲吉形，但以金爲圓，以土爲方。純粹用幾何形式來表示，是很古典的辦法，頂多適用於陰宅形相的解釋，因爲圓形與正方形都不眞正使用於中國建築㊿。到明代，風水家發展出非幾何的解釋，使金、土的觀念可以廣泛的使用於民間，是很重大的轉變。

尤其值得注意的是，早期風水原則對形態的要求比較有容忍性，不但不嚴格的要求方、圓，而且允許缺角，如在東南方缺角仍為吉宅，我國早期的民宅形式，至今仍反映在北方的農村中，具有各種變化，並不限於合院。其中曲尺形是農家相當通用的配置形式㊹。明代以後，我國文化的重心南移，南方住宅形式比較嚴格的遵循合院與對稱的原則。住宅形式與風水原則之間的影響到今天雖已難知究竟，其與居住文化上的關連是十分明顯的。

〈神搜經〉的作者對於住宅與四周環境的關係並不十分關心，幾乎沒有禁條，但對門第的景物則相當的重視。這說明產生〈神搜經〉的那個時代是居住環境較密集的時代。自此而後，風水宅法中就只注意大門及其前景了，直到民國以後才有所改變。

〈神搜經〉較偏重於宅內，故有相堂章。又稱天井為「明堂」，為前書所少見。這也暗示住宅形相之不再孤立於田野，注意力開始轉移到院子內的單棟建築物上。該書對內形的判斷所持的原則與外形相同，仍然是「明堂以方匀圓淨為佳」，與「富貴不離金土」㊺。所以本書討論配置與堂形、天井等，先把五行形相明確解釋，然後於推斷時，不屬於金、土形者為凶，且可斷出其所兆之禍福。

理論上說，五行為風水理論的根據，運用五行的原則不應視為純粹的禁忌。但因本書中把五行當作描述複雜形式的代辭，實際已失掉了理論的嚴謹性。比如上引的形容辭，「方匀圓淨」，等於以「匀」來狀方，以「淨」來狀圓，就失掉方與圓在幾何學上的絕對意義，而成為一種感覺狀態的描述。這一方面說明文人介入了風水辨識原則，同時亦可自純理論中解放，採取「自由心證」。本書的形相的禁忌，可說是本文原作者對形相吉凶的自由心證的一部分。

由於此書強調「明堂」，故對天井之比例、形狀、高低有所規定，乃對《陽宅十書》之重要補充。尤其對天井要明淨，其中不可放置亂石、假山、花木等後其傳統建築的原則，有相當明確之肯定。亦由於特別重視天井，故《陽宅大全》的兩本著作中，以圖樣具體解析了天井放水以趨吉避凶的辦法。這些辦法由於很難表達在圖樣上，我們不打算歸納在圖解附錄中。

此書的另一特點爲明示「結構規模」與吉凶的關係。此點又可分爲兩類。一爲一般禁忌，二爲結構梁尺寸的吉凶。後者爲以河圖之數字斷其五行生剋，可能是假托魯班著作的理論根據，此處不贅。前者則爲形相性之禁忌。單就禁忌而論，仍以完整、勻稱、料大氣厚爲吉，相反者凶。對於木材忌相接、忌枯朽，爲自功能轉「會意」的禁忌，是可以了解的。至於梁棟偏欹之忌，則頗合乎我國古代建築結構不用斜材的原則。到淸中期的《八宅明鏡》，就明說結構中之斜材爲凶了。

《陽宅大全》最後一卷中所附的〈楊公十八忌玄空經房煞〉亦稱玄空經法，爲一歌訣式的禁忌性經文。楊公係指楊筠松，想係假托，內容恐多明代各家之說予以編集，以供風水師背誦者。由於很多與〈神搜經〉中所列重複，可證明在當時確有一些流行的看法被普遍接受。清代的出版物則可能是因襲這些著作而來，或加以選擇整理而得了。

〈楊公十八忌〉沒有明顯的秩序，但大多爲關於房屋本身的形狀與構造方面的，也就是屬於「內形」或堂相的，它的價值在於建築形式禁忌的數較多，對傳統建築造形的準則的研究是有幫助的，可惜文字表達方式模稜兩可，有些項目，我們要費些精神去推敲，卻無充分的把握。能歸納在圖表中的，均收進去了。在十八忌中，第八至第十一〈露骨、赤腳、露脊、枯骨〉等爲忌損壞而不加修賴，餘均與建築之造形有關。特別強調的禁忌似乎是舊房加一附屬空間，因而破壞嚴正的相貌者。讀者頗似警戒世人，不可隨意因需要而增蓋房舍，應該注意方式的格局。

六、《八宅明鏡》中之禁忌

出現於乾隆末年的《八宅明鏡》是傳統陽宅風水最重要的典籍之一。它的特色是有一套完整的有系統的方法，結合了時間與空間的原則，表達得十分清晰，易懂易讀。說它是傳統宅法的總結並不爲過。

在觀念上，本書是符合了明代以來風水術系統化的趨勢，並把命理加入堪輿之中，而得到的總結。同時在禍福的判斷上，也很符合明代以來的趨勢，盡量通俗化、平民化，滿足民間普遍的趨吉避凶的願望。所以這本書基本上是自八卦五行的原理，推而爲九宮八宅的演算方法，以滿足迷信的需要的。完全與這一系統無關的禁忌並不很多。

然而這本書與一切風水著作一樣，沒有經過嚴謹的編輯，禁忌散佈在文字中，並無明顯的章節。細讀全文，大體可在頭卷上找出兩段禁忌最有關係者。第一段是〈陽宅六煞〉。這「六煞」之意指為何很難了解，但是這段文字中，計有三十五條禁忌，大體上延續了明末文獻中禁忌的精神。

在三十六條中，有十九條是與配置有關者，即《十書》中所說的內形。有十一條是與環境即外形有關者，其餘是與構造的禁忌有關的。在內形的十七條中，多為因襲明代著作的舊說。在外形的十一條中亦大多與明代禁忌相類，但亦有所補充。新添的禁忌，如「兩門相對為凶」條，如「天井兩傍如有山牆對照，凶」條，如「一家連開三門為品字，凶」條等，都在說明與鄰家建築與出入口的關係。顯然由於密度增高，住宅的環境所考慮的重點是鄰里關係。令人感到興趣的，是「天井兩傍如有山牆對照」暗示了南方長條式住宅可能發生的情形，因為傳統合院中，建築都是正面對天井的，長條式市屋㊻沒有兩廂，鄰家的山牆就可能隔天井而對照了。

「一家連開三門」與「山尖中開門」，在我國古來的傳統中都是不會存在的情形，到清中葉提出這種禁忌，亦說明大家庭的分化，漸走向小單元的方向，以「別立門戶」，難免用各種不正統的方式以達到分離的目的。因此使風水先生感到世道衰微，不得不加以限制，懸爲厲禁。

在禁忌的尺度方面，有顯著降低的趨向，開始有相當細節性的禁忌。甚至「門上轉軸透出主凶」也提到了。這進一步說明宅法禁忌趨於建築內局，不再注意大環境。同時在居住空間細節上開始注意到，如「床橫有柱〔梁？〕名懸針煞」一條，至今仍爲社會大衆所留意遵循。又如「屋大樑上又加八字者凶」則明示建築的架構不可用斜材，把三角規定的力學原則完全排拒了。這些禁忌逐漸與國人的生活思想連爲一體。

本書禁忌的第二部分，爲一連串小綱目，爲〈總論〉、〈形勢〉、〈樓〉、〈間數〉、〈門路〉、〈宅解星法〉、〈天井〉、〈樓〉、〈灶〉、〈井〉、〈坑〉等。讀其文字，似乎這些小節是屬於一個大綱目下，是自一個來源彙得，或由作者自編而成。〈總論〉應該是住宅形法的總論。這段文字把我國傳統住宅的一些觀念都明白的說出來了。

在〈總論〉中，爲選地點的禁忌。除了不靠近衙門之外，尚要避免陰氣、穢氣、邪氣、殺氣、蕩氣等。是利用禁忌促成土地分區使用的方法。亦即盡量選擇住宅地區建宅。連橋樑牌坊都不宜接近。

〈形勢〉一節是最重要的。〈形勢〉應爲「形相」。文中首先提出了「方正好看爲吉」的觀念，然後又提出「住房必翕聚始獲福」的觀念。根據這兩個觀念，分別指出建築形相與天井空間的吉凶，等於總結了明代以來的形相禁忌，予以概念性的綱領。勻稱、適當是很重要的原則。本書與〈神搜經〉比較起來，其內容雖大體相同，本書卻直接訴諸感官的判斷，不再執著於五行的附會。

同時，本書中很明確的提出宅子的房屋不可貪多，以免不能保持方正，而有所盈缺。並不厭其煩的指出宅子如有缺角所兆之凶。凡缺必凶，與明代以前的觀念大有不同了。相同處不過仍用五行相剋的道理來斷禍而已。其他流行於今天社會的一些常識性的判斷，在該書中也出現了。房子太大，人丁太少，不吉。

在〈楊公十八忌〉中已明顯反映出的以破舊為凶的禁忌系列，到本書中，則正面的肯定了新的為吉的觀念。「宅材鼎新，人旺千春」，建築材料的新舊都有禍福的關連。自明至今，我國民間對建築有一更新的要求，使我國傳統建築在史蹟的保存上遭遇甚大的困難。這種民族的心態反映在風水上再明顯不過了。

除〈形勢〉外，對建築內部主要的元素都有所舉列。門的重要性一再被強調，有所謂「宅無吉凶，以門路為吉凶」等觀念的提出。門與「氣」的關係，漸為三元派說法相融通，因此傳統住宅不可多開門的習慣，乃得自風水的原則，如後院牆不可開門，以免「漏氣」。天井附近最好不要開門，即使開門，也要常閉以「養氣」。

對於建築間架的數目也有規定，首先提出了「宜單不宜雙」的原則，這是可以諒解的。但令人感興趣的是對三間的肯定。「三間吉，四間凶，五間宅有一間凶，七間宅有兩間凶。」

不僅宜單不宜雙，而且不宜超過三面。這種禁忌的來源很難了解，但我們可以肯定的說，此一規定是與風水術普及於民間有關，民間住宅以三間爲單位是中國建築的特色。相信這類禁忌更加強了民間建築單元化的觀念。這是南方建築的特點，亦說明風水術逐漸反映了南方建築的實情。

七、《陰陽地理風水全集》中之禁忌

前文曾提到，我們在四部主要宅法著作之外，也選了此一民國時代的著作，以觀察近二百年來的演變。這本書爲筆名佛隱者著於民國十六年，復在台翻印者。著者原題《風水講義》。本書因係近作，在文字上最有系統，且淺顯易明;在內容上頗有綜合性，爲明代以來傳統風水術的一種整理，所以近來研究風水者多用爲入門讀本，是有相當價值的。

該書約五分之一的篇幅爲〈陽宅地理〉。在一般的原則方面，承繼了《八宅明鏡》的傳統，採用了三元派的理論，以得水、藏風以收氣爲主㊼。同時亦受後期命相之影響，自「氣」推而論「氣色」，故說「陽宅之禍福，先見乎氣色」㊽。然其主要的篇幅在於禁忌之條列，故談宅法禁忌，本書可做爲現代之代表。

其禁忌之部分計有〈相形〉、〈改造形〉、〈砂形水形〉、〈城市宅基〉、〈大門門樓〉、〈廂廊〉、〈天井〉、〈牆壁〉、〈池塘〉、〈樹木〉、〈巷弄〉等節，就其項目而言，較先代之著作所載為多，然而在外形方面幾乎沒有提到。這延續了明代以來的趨勢，對自然環境的禁忌漸漸減少，對內部的禁忌漸漸增加，以配合人口密度增高的江南居住環境的需要。顯然的，本書的宅法是「重宅不重基」㊾的。

在〈相形〉一節中，幾乎完全承繼《八宅明鏡》的說法，以土、金二形為吉。但對土、金的解釋，卻增加了「九星」的意思在內，不再單看「五行」了，這表示後世分不清「五行」與「九星」之界線，陰陽宅、命相等走上一統之理論。在九星中之土與金各有二，土有巨門、祿存，金有武曲、破軍。兩者之中，各有一吉一凶。這是在陰宅山形使用的，轉用到陽宅來，其所代表的形象不太明顯。土原以方代表，金原以圓代表。在《八宅》中已有釋圓的困難，如拆金為二，其解釋自然更困難。在本書中，土仍然是方，未見有祿存凶土出現。但金有一平一塌。前吉後凶。平、塌仍不能說明其外觀的形相。除此之外，有「屋合太陽星」為吉，太陽星為輔星，通常視為吉星，但其形相不明。

總之，在形相原則上，雖大體仍以方正為上，但加入九星觀念後，又未把各星代表的形象清楚的描繪出來，故形相與五行的關係是很模糊的。我們只能推斷，尖、曲折等是不吉的。因為文中說明呈八字、火字、人字、扇面等形均不吉。

作者在形相方面，除大原則外，尚列有近五十條吉凶例，大多為禁忌。其中一部分可綜結為勻稱之比例的原則。各屋高度要配比適當，梁柱大小、粗細要合宜。這一點可說是傳統觀念的延續。第二部分若干條，則爲建築的造形與配置有關者，除延續前說，總以周正、均衡、無添加、無沖射之原則外，正式提出「四正一般長」與「屋如曲尺樣」是不吉的。前者表示四方形的建築，沒有層級是不可以的。後者表示流行於北方民間的曲尺形建築不吉。這些說法，在以前的著作中雖有暗示，但此處卻直截說出來。

第三部分爲建築物本身的吉凶兆，如地面宜平整，構造要完好，梁坊無破損、短缺，室內無不正常之設備等。如宅內不能有橋，室內不能有溝都是禁例。另有七條爲斷廳、堂數目之凶兆，不知其何意，似乎在暗示宅廳堂不可過多之意。

在〈改造舊屋禍福〉一節，書中列出三十二項，大多爲延續了上代的說法，並加以擴充。有些名稱完全因襲前人，有些名稱雖同，意實不同，有些名稱不相同，意則相同。這也是自來風水書籍上互相襲用，並無嚴格系統所造成的結果。很明顯的，《陽宅大全》與《八宅明鏡》都是本書的主要參考資料。

本書禁忌是有特色的，第一是〈牆壁吉凶〉：爲前書中所無。牆壁在密集的建築群中，逐漸佔有重要地位。此處對牆壁的要求是要多，因「牆多氣厚」。要迴環，要弓抱，可見視牆壁與水流相類。禁忌主要分二大類，一爲沖射，不可讓牆壁對它屋沖射，亦擬同水流、道路。其中忌「牆沖屋角」一項，等於禁止圍牆連接屋壁，使建築物與圍牆分開。另有忌「獨腳照壁」一項，乃禁止爲照壁獨立砌牆。照壁必須是屋壁或圍牆的一部分，是很符合我國建築傳統的⑥⓪。另一類爲牆壁必須完整，忌破、露、穿等：有趣的是在江南園林中可見到的「兩堂對向中隔壁」在此是禁止的。

第二是〈廂廊吉凶〉，其原則仍然「端方整齊」。要高低長短適度，與正堂匹配，兩廂過長不可，過矮不可。左右均衡、長短相同。要有向院落集中之感覺，故要「披水向堂」，要前檐略高。屋大要有廊；廊要設在前面。廊與堂不可分開。兩廂的廊兩邊不可築牆。這些都是後期傳統建築中常見的原則，均定爲禁則。

第三是〈大門與門樓〉，其原則同樣要與屋相稱，均衡、對稱、方正。不可太高太大。屋頂不可左右分水，不可用四角（即廡殿或歇山頂），不可開兩門。這些都是後期建築所遵循的形式原則。

最後是〈城市宅基〉。本書提出在城市中判斷外部環境的方法，以「街衢作水，牆壁爲砂，門外水道即明堂，對面房屋即案山」，使用自然環境原則於城市，開近代風水實務之先河。其他並無討論，但其中「兩家對門，門高者貧，並排開門，門大者贏」似推翻了前人禁止對門的原則。

其餘池塘、樹木等並無新說，總以平整、迴抱爲美，其禁忌則均盡可能納入附錄圖表中。

八、宅法禁忌的分類

自以上諸書的整理研究中，我們大概可以把禁忌按其性質予以分類。總合說起來，禁忌大部分是屬於風水術中的「形法」㊶，只有少部分屬於「向法」㊷的。向法原屬於系統性的解說，但在禁忌中與方向有關的部分，大多已無法與系統結合，想來是經過若干年代的口傳，其原有的意義已失去了。

我們分析附表中的資料，一再取證於其他重要葬法著作，大體可將禁忌分爲三類，第一類爲與輪廓形狀有關者，第二類爲與象徵形狀有關者，第三類爲與內外格局有關者。前兩類即形法的部分，兩類有時互相補充；最後一類爲向法與形法的結合。我們試分別予以討論。

㈠輪廓形的吉凶

我國人對環境的觀察，自古以來就有擬人擬物以判斷吉凶的傳統，與風水法不一定屬於同一個來源，恐怕自遠古時代就有了，是我國傳統信仰的一部分㊸。後來在風水法中，形成一派，即所謂「形家」。外國人研究認爲屬於江西派㊹。

形家斷吉凶，是直接以象形開始。在環境中的自然景物在他們的眼中都是活生生的動物在蟄伏著。而對形狀的判斷要看風水家的修爲與造詣，並沒有定則。象形是指外物尤其是山嶺的輪廓遠遠看去所暗示的形狀⑮。這種形狀的肯定多少要予以附會才能爲大家所認可。所以在金代上引著作中，山嶺形狀吉凶的圖樣是附會，把山形直接以動物形貌表現出來。

象形以動物爲主，大約是取其生氣。也可以象器物，以取其氣勢。常常把環境中多數的物形，以故事串連起來，創造爲動態戲劇中的一幕。經傳說後，繪聲繪影，就深植人心了。然後從故事中判斷地點的吉凶，也是風水家的特權。在陽宅風水中，象形吉凶佔有的地位尚不及葬法。在陰宅中，有所謂「喝形點穴」，即觀看環境中的物象，及其形式之意義，即可決定直穴之所在。這大多要靠意會來完成的。

像動物之形者，就龍、虎、獅、象、龜、牛等均爲吉形，自獨立的形式上，可以找出何處爲吉，何地爲吉。金代的《地理新書》講到了各動物的吉點與凶點，可說明早期「喝形點穴」是很普遍的辦法。明代以後之著作，形式架構趨向於系統化，但「喝形」的傳統未變。在富貴風水基址的描述中，幾乎必有一動態的戲劇性的證明，使整個山川都生動起來，稱爲「格」⑯。這種看法已爲大衆所接受，所以台北市民流傳圓山爲龜、象突變之格局，即圓山爲象首，而原動物園則近乎烏龜。對於南京，我們常說龍蟠虎踞，以說明其首都的氣勢。自風水文獻中看，似乎動物的形象並沒有凶兆。即使雞、犬亦出貴格。這說明我國人以「生氣」爲貴的通俗哲學。

像用具之形者，則取其高貴者爲吉，避免卑賤之物形。可以把自然環境看成一個碩大的房間，其中的山川都是我們家的器物。這些器物屬於高貴人物者，環境即是高貴的，屬於貧賤人物者，環境即爲卑賤。這是很幼稚的，直接推理的辦法。

最高貴的如「帝座」、「御屏」屬於帝王之格，貴不可言。其次則爲「華蓋」、「魚袋」、「樸頭」、「紗帽」、「笏」、「樓閣」等都是大臣使用之物，象徵富貴榮顯，屬富貴格㊅。自器物的形狀上可以看出所出人物的職業：如「文筆」（單一高峰），「筆架」（三峰相連）等則暗示文風、出文臣。而「旗」、「劍」等形主武將，「葫蘆」出名醫等不一而足。這種看似幼稚的類比，卻已深植人心，「地靈人傑」就是這種傳統的合理的推論。而一切破碎、斜倒、貧病等缺乏生氣，暗示死亡的東西都是很凶的㊇。

在宅法中，輪廓相形使用最多的爲大門前的池塘與小山。事實上，對大環境的解釋，陰陽宅是相通的。這類傳統到今天仍然適用於陽宅的環境及宅子本身中，只是把自然造物改爲人工環境而已。

尚有一種相形，是與動作有關的，與上文中所提之動態形近似，但屬於單一形相者。一座山嶺的輪廓線有時比較複雜，不易用一種形狀來描寫，也可使用動作來說明。動作有點故事性，卻限於人間的故事，故與上文中的「格局」不相同。如「馬上貴人」、「點兵」、

「報捷」、「矖袍」〔多重皺摺之山嶺〕、「勒馬回頭」等均表示一種貴人的動作，屬富貴格。而「抱肩」、「掀裙」、「刺面」、「合掌」、「探頭」、「鑽懷」等則多為下等人的動作，形狀怪異，就代表貧賤與淫亂。在大環境中有這樣的形相出現是很不吉利的。

到明代以後，形家對環境的觀察有與五行、九星系統結合之傾向，是形態吉凶判斷的抽象化，理論化。一般風水著作中理論的根據是「形狀九星」⑲。堪輿術將北斗中的九星分別命名後，各賦予五行的特性。這九顆支配人類命運的星星，把它們的自身投射到地上來，所謂「在天成象，在地成形」，是以幾何形狀來辨認的。

九星連上五行之後，就與金木水土火五星混為一談。所以明末徐善繼的《地理人子須知》中，否定了形與九星的關係，而強調五星⑳。但若以五行的觀念為五星，並不合於風水系統的原則。五行並不是五顆衛星的意思，一般風水的理論，至少自明代以後的文獻看，天星支配人事的力量是來自北斗的㉑。

代表五行的幾何形，其來源不甚明白。早期的文獻中，五行與時間、方位、干支、數字、人體器官等有關，而未見有與幾何形有關者。可以推想自明代才有形狀與五行的關聯。五行的幾何形是意會的——金、形圓，可能與金器形狀有關；土、形方，可能與地為方的觀念，或方平的觀念有關；木、形長，為意指樹木無疑；火、形尖，為火焰之形象無疑；水、形曲，為水波之形象亦無疑。這些形狀，直起來看，如山之輪廓，即為「立格」，亦即今天的立面側視形；平起來看，如水塘之輪廓，即爲「眠格」，亦即今天的平面俯視形，兩種格象徵同樣的吉凶。

陽宅風水中的「九星」，計屬木者一（貪狼），屬金者二（武曲與破軍），屬土者二（巨門與祿存），屬火者一（廉貞），屬水者一（文曲）。另兩星（輔、弼）則因位而變。其中只有金、土、木的正形爲吉。圓、方、直形而眠格上是全圓、正方、長直，在立格上是半圓、方正、高聳。但吉形破了相也就兆凶了。爲甚麼風水禁忌中不允許大門面對山牆呢？因爲山牆有火相。

自明代以後，以方、圓正形爲吉。（木形長，雖吉，卻不易在陽宅中見到亦不適用，故被淘汰了。）這些觀念雖來自五行，卻早已融入中國人的生活、觀念中，成爲傳統文化的一部分，爲各派風水所尊重。「端正、周方斯爲美」[72]，成爲傳統建築格局的至高原則了。

㈡形狀意會的吉凶

這一類形狀包含的範圍甚廣，意指也很模糊，完全靠意會。使用這類的禁忌，最有江湖先生的味道，要有領悟力與「慧根」才成。我國是重文字的民族，而中國文字的創造，自象形，而形聲，而會意，而假借，而轉注，與風水的吉凶判斷的過程都有密切的關係。事實上，民間乃使用同樣的方法去解釋吉凶之徵兆。所以對神經質的中國人而言，一舉一動，一物一形，均暗含著吉凶的兆示。中國人生活在充滿了徵兆的世界中，眞是舉步維艱。

第一類所談到的，是屬於象形的部分。本節所談，多屬會意的禁忌。國人對於「生氣」爲吉，「死氣」爲凶的觀念，可以廣泛的用於判斷景物形貌的吉凶。如不合「生」暗示「死」的形相如枯萎、衰敗等都不可出現在目見之範圍內，這種凶兆特別容易在生長的景物，即樹木花草上表示出來。

如柳樹的枝葉雖爲文學所最愛，但因下垂，爲衰敗之象；且隨風飄盪，缺少骨氣，故對住宅構成凶兆，必去之而後快㉓。又如糾結的老樹，雖爲藝術家筆下的寵物，卻因暗示枯萎、衰敗、死亡爲大不吉之兆，生於高山可，長於庭院則不宜。類似的例子不勝枚舉。如爬藤、古榕，因有懸弔、糾纏的形貌，則暗示捆綁、懸樑等，爲大不吉之相。常春藤爲外國人地位的象徵，在我國則爲凶相。我們所喜愛的，是生氣蓬勃的、向上生長的植物，而能呈現愉快的色彩、飛揚的枝葉者。

其中也夾雜著文學的，道德的意指，如桃花雖然艷麗，但桃花用以象美人，美人在一般的觀念中多示不貞，或「紅顏薄命」等意思，故被視爲凶物，不宜在居住建築中栽植。相反的，荷花、蓮花，象徵合和多子，「出汙泥而不染」等，乃爲人所喜。同理，槐樹，在古代文獻中爲帝居中的樹木㉔，且象徵厚德，成爲北方住宅中的庭樹。

這樣的意會並不完全以植物爲對象，人造物亦有同樣的作用。人造物中自以建築物之影響最大。如國人不喜孤立與孤獨。建築物孤立在原野中，意味著孤獨、孤寡，終可引申爲子孫斷絕，因之而不吉。如必須孤立，則由樹木圍擁之。

具有現代化功能主義思想習慣的人，最容易把建築物形相的吉凶誤爲古人對建築功能的需求的另一種說法。比如建築物老舊而簷角下垂，風水上認爲不吉之兆，自可解釋爲房屋結構不穩，或不安全，但其眞正的意義與柳樹下垂是同樣的。中國建築的屋角爲何上揚？也是一種生氣的象徵。又如風水著作中多認斜歪的建築爲大凶，自然可以解釋爲建築即將傾倒，主人有生命安全之虞。但這樣的房屋不僅爲主人主凶，對其鄰近人家都有沖射之影響，就不是功能的問題了。故其禁忌於歪、斜之相，不在結構之實。

我國後期民居建築中，把宋代以前喜歡表露於簷下的椽子廢除了，改爲封簷板，也許有很多理由可以解釋，但風水中不喜歡「露骨」應當是很重要的原因。對於「露骨房」，即屋頂破損，露出椽條的房子，風水上列爲嚴禁，因露骨意味著死人的骨架，是窮凶極惡之相。如果我們把它認定爲這條禁忌乃因漏水不宜居住就誤解其象徵的本意，因爲漏水雖然在生活上很不方便，卻被認爲聚財的象徵，並非凶兆。

同樣的道理，對於牆頭損壞、瓦片殘破、天井凹陷都有相同的惡感。所以引申起來，在建築上就有「除舊佈新」的要求。「舊」，對國人不是很好的字眼。因舊暗示老、破，都是預示死亡的徵兆；只有新，才代表蓬勃的生氣。到了淸代的中國，風水的禁忌逐漸與日常生活中的禁忌融爲一體，不能分辨，構成一個嚴密的迷信的網，把大家牢牢的裹在裡面。

(三)與格局有關的吉凶

在風水的禁忌中，有相當大的部分與建築的布局有關。

大體說起來，建築的格局在風水上多由系統性的推演來斷定吉凶的。但是系統性的解釋不容易爲民衆所了解，通俗化了的風水書籍就乾脆用圖樣或歌訣來傳播了。前文中指出，自《地理新書》到《陽宅十書》是相當程度的容許建築基地不完整的形態。但到了明代，建築佈局的原則就要「入眼好看」，完全以方正、周全、明亮爲吉了。院落要方正，環境院落的建築物要周全無缺。同時，各部分的配比要匀稱，要整齊，要對稱，要恰如其份。

根據這一基本原則，吉凶可以立斷。標準的住宅是三合院或四合院，四周有圍牆，院落比例近方，明亮清潔，前後分明。正房建築莊重大方，四壁明亮，兩廂配襯，恰如其份，有向心的感覺。建築物均材料鼎新，毫無衰象。圍牆則很嚴密、整齊。「如太高、太闊、太卑小、或東拉西拉、東盈西縮、定損財丁」⑮。損財丁就是最大的忌諱了。宅相的要旨就在於避免破壞方正、周全、明亮的一切形象。

我國傳統建築是多進的，所以多進的高度有一種秩序，以配合傳統家庭中的倫理制度，適當的顯示尊卑的關係。在風水術中，凡超過一院落的建築，概稱爲「動宅」，有一定的推算高低以求吉避凶的方法。大體說來，高大的主屋多在二進之後，呈前低後高之勢。超過五進就稱爲「變宅」，是很少的了，其秩序可能有最高與次高的起伏，與勻稱是相符的。

這些與風水系統的推演法有關，似乎無關禁忌。但我們發現在《陽宅十書》中，對於各院落房屋配置吉凶的推演使用的各方法雖與通俗的方法近似，但其用法與解釋卻略有差異。我們推想該書收入的材料可能爲早期的理論，逐漸爲後期修正者。簡單的說，《陽宅十書》的資料顯示，在多進的住宅中，除主軸上的建築有高低變化外，在各院兩廂亦可因吉星的分布而有高低的變化，甚至指定了樓房的位置，與主要通道的路線。而後期的理論中，所謂「貫井法」⑯，就只有主房高低的推算，吉星的分布，只涉及廚、廁等位置的選擇，與高度無關。在根本上，宅子兩廂的高度是對稱的，均衡的。

明代以來的一些禁忌，有相當的比例是禁止不工整的格局，因此逐漸帶有中產階級的色彩。一般平民因需自舊屋上增築附屬新屋因而破壞完整的形象，幾乎一律是禁止的。不但傳統「三間房子」的前後不增加，即使左右亦不可增添。要擴大幾乎必須拆除小屋，改建大屋。同時這些禁忌的觀念與發展於南方的住宅形態逐漸吻合。南方所出現的多變化的成長式住宅⑰，恐怕都屬於傳統之外的貧民住宅，連風水的常識也缺之了解。

同時，爲保持院落住宅的特色，有些禁忌是對大宅而設。凡把院落塡滿，或妨害院落完整的格局一律禁止，所以院中不可設小屋（如板橋林家五落院中的戲台），兩進之間不可連廊〔即所謂工字房，使用於廟宇、衙門中者〕。不但主房不能有樓，其四周也不可有樓，以免欺壓。

在大環境上，特別是門前，要均衡而寧靜。受公共建設之欺壓都不吉利。這種禁忌，使我國都市發展之模式趨向於狹窄的巷衖式。住宅遠離民衆活動的場所與廣場。門前不宜有道路直沖，使丁字形之組合不宜於住宅區之發展。

射的觀念在宅法中，顯然愈到後代愈加重視，說明後代對建築環境中融合了葬法中的觀念，把目之所見的一切吉凶徵兆全面收到宅子中了。

九、結論

經過上文的整理、研究與分析，對於風水中之禁忌可以下幾個暫時的結論。由於研究方法與文獻選擇的限制，我們不敢說這些結論是完整無缺的，只是完成了初步的整理供有興趣的學者參考，以便進行更廣泛的研究，同時對傳統建築的了解提供了另一個角度。

自資料的整理中，大體上證實了我的推論：即宅法禁忌的存在早於系統性的推演。有些禁忌可能是自古以來就存在的，但大部分的禁忌，視時代而轉變。自明末至清末，現代居住環境改變以前，禁忌的性質是相當定型的，構成了我國環境形式的語言。陽宅風水可說大部分由禁忌所支配的。禁忌隨著時代轉變的情形，照資料顯示的，受到其他時代因素的影響。它會緩慢的順應時代的要求而改變，同時也有修護傳統的趨向。風水的禁忌對於傳統的中國民俗建築的演變是否具有主動的修改的力量，值得進一步的研究。但我們可以肯定的說，宅法中的風水對於後期我們完整的院落住宅有維護的作用。風水的禁忌實際上提供了設計的準則。

如果把這些準則與我國明代以來傳統民居比對，似可看出其地域性。明代以後的中國文化以江南為中心，其設計的準則自然也以江南建築為對象。在《陽宅大全》的序言裡，提到宅法來自北方⑱，似可說明風水自北而南的移動。那是指「向法」而言。「法」是一種系統的推演，其特點是可以適應多種情形，所以早期的形式較自由。禁忌則缺乏適應性，而有走向固定模式的趨勢。如果以我們所熟悉的閩南的建築來看，「向法」的影響很少，禁忌的影響較大。因此明代以後的我國民宅已經模式化了。禁忌的準則是通過模式而表達出來的，所以大木匠師是這些禁忌的傳承者。⑲

就禁忌的重要來說，早期比較關心外在環境，後期比較重視院落與建築。這是時代條件改變的自然結果。明末以來，鎮市與聚落的生活環境超過了原野中的大自然環境的重要性，而顯著的有內省的趨向。自資料顯示，早期對自然環境是採取猜疑的態度，住在山林中並不吉利。北方的地形與氣候，早期大體上以向南、向東為吉，以後高前低為吉。後期的江南地形就不受這種約束了。雖然前低後高的原則是一直遵守的。

至於風水禁忌與城市發展的關係，由於屬於城市資料不完整，尙無法有具體的結論。我們只約略感覺到，住宅與道路的關係的禁忌應該是城市發展模式的準則。比如「沖」的觀念應該減少丁字形交口。同時，宅忌路角、路口，住宅區的發展應該以線型模式爲適宜，這一點如證之於北平城是沒有錯的，但是自唐代坊的組成到後期巷弄的關係間，其演變的過程，風水禁忌的角色是主動或被動，我們是不敢下結論的。

早期的宅法中較重視門前的環境。大體說來，對門前有任何阻擋都不歡迎，顯然以開朗爲上。除了很歡迎「玉帶水」（即環繞的流水）之外，對於山、水、樹木、道路、及其他自然、人工物均不歡迎，這大概與「沖射」的禁忌有關，而大門自古以來就是宅法上最重要的元素。⑧⓪

事實上，風水決定鄉村之配置，要比城市爲有效。因爲市街的安排多半是出於更高層的需要，其風水上的考慮是以「城」爲單位，並未顧及市內每一地段的風水關係。市民爲求生存，有時也顧不了風水，其相信風水的程度也較弱。

以台灣農村聚落爲例來看，風水對配置關係的影響似具有支配性的力量。爲免除風水禁忌中的主要的沖、射之災，農村聚落完全忽略了街、巷的系統，採取任意配置的方式。同時後期風水中以「命」爲推演基礎的取向原則，在完全沒有法規限制下的農村，每座住宅都因風水師或木匠的判斷而自定朝向。他們使用的方法未必一致，但其結果則一，即對環境的考慮完全以風水爲憑，而不顧及整齊的外觀。這就是台灣農村景觀錯落有致的原因。

至於內形，自《陽宅十書》以來，傳統相當明確。自我們整理的資料顯示有下列幾項明顯的結論。

一、一棟房宜整齊完好，屋頂爲一整體爲吉，如有高低變化多不吉。（有特殊例外）

二、孤獨一房，凶。

三、兩棟房者大多不宜。

四、兩棟以上房者，如非三合均不吉。建築上常見的配置如L（丁）、T（卜）、H（王）、I（工）、＝（水）、＋（小）、E（亡）等均凶。其中除「王」字外，描寫該等配置之字眼亦均屬凶。

五、不完整、破損、傾倒等均凶。

六、舊屋增建、改造使形不完整者均凶。

七、其他破壞三合、四合之方正、完整、主屬關係者均凶。

這些，爲我們在前文中討論過的，是我國近幾百年來，傳統建築所尊重的原則。

註釋

①後世傳說始自黃帝，故有《黃帝宅經》之譌託，但後人多相信風水始於秦之樗里子。認爲《青烏經》或《青囊經》產生於秦漢之際。

②有關「葬法」之討論，見拙著〈風水：中國人的環境觀念架構〉，台灣大學《建築與城鄉學報》2(1)：123-150，台北，一九八三年。

③陽宅因與葬法中「鬼福及人」的觀念不相關，所以可以推斷與《葬書》中的系統沒有直接牽連。而自周末以來就有宅子吉凶的記載，可知是自遠古迷信中逐漸推演出來的。

④見周繼等著，《陽宅大全》，明萬曆十年，上海石印版之竹林書局翻印版。

⑤論見徐善繼《地理人子須知》，明萬曆十年，上海石印版，台灣竹林書局影印本，卷六下之二，〈論陽基〉。

⑥我國社會，不分階層均相信某種程度的風水，早經外國學者發現。Maurice Freedman: *Geomancy, Presidential Address 1968*, in Proceeding of the Royal Anthropological Institute of Great Britain & Ireland.

⑦明代以後之著作多爲作者根據一自全之系統推演出來的。基本精神雖相同，推演之結果則互異。又自「向法」因與易理相關受到重視以來，風水家所建構之方法，在系統上太過簡易，因此常將重要的一部分秘而不宣，稱爲「天機不可洩露」。

⑧一般執業的風水師多不讀書，而僅背誦歌訣。本文作者所接觸的幾位風水師均同，僅有少數風水師是有研究意味的，但所讀書亦不廣。

⑨見王充：《論衡・詰術篇》。該段引文亦收在《古今圖書集成・藝術典・堪輿部》，六七九卷。

⑩十九世紀的六十年代以後，中國的風水就在西方的學術著作中出現。一八七二年，以「風水」爲題的文章出現於傳教士學報中，作者爲EdkinsJ.

⑪其中以De Groot J. J. M.於十九、二十世紀之間出版的《中國宗教體系》一套書中，所介紹之風水最爲完備。把山水、理氣、簡史等均予說明，氏通古籍，對中國古書多所徵引。*The Religious System of China*, V.3. Book I, Part III, Ch. XII, pp. 935-1056, Leiden, 1897.

⑫李約瑟：《中國之科學與文明〔七〕》，吳大猷、李熙謀、張俊彥譯，台北商務版，民國六十五年一月。頁三九〇—四〇〇。

⑬這也可說是中國士人的傳統。中國的讀書人受風水觀念的影響，但很少認眞研究風水，而把風水師看做占卜一類的人物。

⑭近年來由於風水迷信流行，舊派與新派風水均大行其道，舊派即出身鄉間的風水師，以口訣爲工具，新派爲受過現代教育者，用整理過的系統，亦有新式的職業風水師。

⑮淸家淸：《房屋相的科學》，陳啓東譯，台中新企業出版社，民國六二年初版。

⑯「形法」與環境之關係，見拙著上引註②文中之討論。

⑰此種觀念見拙著《明清建築二論》中之討論，我稱之爲中國式的功能主義。

⑱如《魯班寸白簿》即均爲歌訣。在我們所接觸之年長木工師傅中，談話時從未見有美觀之字眼出現：故在木工之眼中，傳統建築是一件很邏輯的產物，而非今日中產階級的青年人心目中的浪漫與美觀的造物。只是他們推斷尺寸的辦法與西方功能論不同而已。

⑲對禁忌的解釋有不同的看法是不可避免的，已在我們所面談的風水先生間得到證實，我們所說的普遍性，乃指一般所接受的價值，忽略了其細小的差異。

⑳一般說來，知識分子型風水師傾向於系統性解說，江湖術士型風水師傾向於歌訣或禁忌。劉星垣先生解釋屋脊山牆之「沖」爲兩面分水之大忌，即面對之水流兩向流失，可用形法中的水法來說明其不吉的道理。而一般術師很少去解釋這些細節。

㉑在住宅形式爲社會大衆所熟悉的時代，風水的禁忌與居住的空間系統間有一種固定的關係，所以居民大多了解一定程度的風水原則。在現代都市中，風水師的語言若干爲杜撰，非居民所能了解，若干爲自日本風水術中引來，以適應現代住宅者，與居民完全陌生。故今天的風水師的神秘色彩益爲濃厚。

㉒由於今日的台灣，相信超自然力量的風氣很盛，風水之新說如雨後春筍，事實上已失去與傳統的連繫，而且也無法從事有系統的研究。

㉓見上引台灣大學《建築與城鄉學報》拙文。

㉔此書經翻印後，相當流行，但很少人細讀內文。有些研究風水的朋友認爲係周繼所著，且認爲陽宅風水到該書才算成立。見陳怡魁、張文瑞在《香火》雜誌上的著作：〈陽宅學〉，《香火》創刊號，民國

七十年十二月，頁七四。

㉕現在國家圖書館，昔爲國立中央圖書館珍本書圖書館。上有翁同龢手書之跋。翁視該書爲秘笈。

㉖該書本《古今圖書集成》影印而漸爲大家所知，坊間亦有昂貴之再影印本。但與《陽宅大全》比較，流傳不廣。

㉗《陽宅大全》出現於《明史・藝文志》中，下有「十卷，不知撰人」字樣。周繼名下列有《陽宅眞訣》二卷。

㉘《詳圖八宅明鏡》，增訂版，台灣竹林書局印行，民國六十三年二月七版，爲本文所根據的本子。但該版本至少遺漏「異授天尺」一圖。在該書凡例中說「今書所載之尺，實人間罕有之尺，故也繪刊傳世」。筆者曾設法尋找較佳之版本，均未如願。好在該書之文字尚沒有非常難解之謬誤。

㉙本文後文之討論中可知，《陽宅十書》的若干文字乃直接自《重校正地理新書》中抄來。亦可能爲間接的傳承，經由我們所不知道的材料而襲來。

㉚風水流派之間自古以來就很激烈，於今尤然。古人大多於著作的序言中抨擊他人，但鮮有指名道姓者。清代三元派著作中開始指明徐繼志、葉九升等爲譌，蓋徐、葉之著作在當時甚爲流行，乃成爲攻擊之對象。後期三元派逐漸流行，蔣大鴻亦成爲攻擊之對象。近年來，台灣各流派之間，爲求取信於大衆，其傾軋尤甚，或有見諸報端者。

㉛如三元派風水師，中國堪輿學會理事長曾子南著作中亦有禁忌。在唐正一著《風水的研究：三元正字堪輿》中，頁一一二—一二四即爲圖解陽宅禁忌。見民國五十年台北文心出版社出版。

㉜蔣國宗：《地理正宗》，台灣竹林書局民國五十六年版。

㉝趙魯源：《地理玄龍經》，台灣竹林書局民國六十年版。

㉞討論見拙著，註②同文。但後世的三元派風水著作又分爲兩類，一類爲以六十四卦爲基礎，一類乃以先天八卦爲斷者。後均流爲秘訣，所謂不傳之秘的「些子法」，其理性之意味淪失矣。

㉟佛隱：《陰陽地理風水全集》，亦名《風水講義》爲民國四年出版，在台翻印之版本甚多，此處所據民國六十四年台北縣大方出版社影印本。

㊱批評他人爲風水著作之通病。筆者手邊的數十種著作，無不以批評他派爲主要內容，甚焉者評論文字與說理文字混雜，而對風水理論之說明則欠清晰。最溫和之著作亦不免指「時師」（當時的風水先生）不懂眞正的風水，識爲庸俗。《陽宅十書》是未見譏評他人之少數著作之一。

㊲後世有關陽宅之著作，除三元派外，大多因襲本書，或略有發揮。但亦可能各書均因襲更早之同一來源，但未見時代更早，而圖說詳盡之著作。

㊳《古今圖書集成》第四七卷、鼎文版藝術典七〇〇四頁，該節爲〈八方坑坎歌〉，其中「午丙有坑火災顯」最能說明方位的五行意義的判斷。

㊴見上引書第七〇〇五頁。

㊵在中國畫論中，這些名詞各有其不同的意義。在宋韓拙所著之《山水純全集》中，論及山水時，引荆浩的話誌：「尖者曰峰，平者曰陵，圓者曰巒，相連者曰嶺，……」，又誌「山岡者，其山長而有脊也，……阜者，土山也，小堆曰阜，平原曰坡，坡高曰隴，……」，見台北河洛版《中國畫論類編》卷下，第六六一頁。民國六四年。但用在此處常見混淆，足見國人在文章上是很大而化之的。如陵、巒、岡乃狀山之形，而阜乃述山之質，坡述山之某部，三者在意義上可相交疊。

㊶「沙」字自字面上似可釋爲沙地。但沙意同砂，在風水術中，「砂」字即正穴鄰近山嶺等高出地形之通稱。風水家以龍、穴、砂、水四要素訂擇地之法則。此處所指之沙，爲高地抑爲低地，一時難求正解。

㊷墳墓在地形上之影響甚小，亦無流動之性質，對風水之影響，與寺廟一樣，乃因其性質與鬼神相關之故。這一點已超過純形式性的禁忌，換言之，與風水不一定相干了。

㊸趙九峰著《陽宅三要》，清乾隆年間之作品，爲正統派陽宅之依據，主張門、主、灶三者相生論。參考台灣瑞成書局翻印本第一頁。

㊹該書爲宋翰林王洙受命編，《宋史・藝文志》中有王洙著《地理新書》三十卷。至金畢履道予以重編。我推斷所謂「校正」乃在收羅較多之材料，使之俗化。最後又由張謙校訂，故書名冠以「重校正」三字。該書雖已破壞王著原貌，但因校正者態度尚嚴肅，引自各書者均註入書名，而王著原文以官書稱之。故了解原體系並不困難。

㊺見《陽宅十書》論外形第一。《古今圖書集成・藝術典・堪輿部》。

㊻見《重校正地理新書》宅居地形第一頁。此一風水最貴地的描述，在《陽宅十書》中照文全引，但與後文的禁忌描述幾乎全無關係，可能是很古老的禁忌。

㊼後世羅經的發明代表了這一發展的極端。羅經之判斷，乃根據一定點而推定，故必先有「主」，才能有羅經之用。吉凶與地形本身的關係就模糊了。

㊽這是一種完全不合乎生態環境觀的禁忌，必然自北方的地形與中國古代宇宙觀中發展出來，可能是很古來的禁忌。

㊾有趣的是該書的刻版圖解中，住宅之形象均以四合院表示之。這表示在宋代四合院已成爲中國住宅之

理想形式，但大多數之住宅仍以自由連絡形式爲多。如中國北方及韓國之住宅。

㊿對山水的系統觀指後期風水中之形勢理論。該書初編於北宋仁宗時代，而至遲到南宋理學時代之朱熹已倡出形勢論。金代張謙重校正該書時形勢論應已產生，可能因北、南政治分立之情勢使金代風水仍因襲舊法。

(51)「玄空」這形容辭似表示一種法則，然而「玄空經法」竟爲禁忌口訣，可能和「五音」一樣爲古老用語，名符實亡矣。

(52)《陽宅十書》與〈神搜經〉之相同處甚多，但文字竟全相同者爲「論門前忌」。見《陽宅大全》卷九第十五頁，與《古今圖書集成・藝術典・堪輿部》第四七二冊，頁三十五（鼎文版七〇〇四頁）。此可說明兩書根據同樣較早之資料。

(53)中國建築住宅合院沒有正方形。除了天壇等類紀念性或宗教性建築之外，中國建築中沒有圓形或正方形的形式。

(54)見劉敦楨：《中國住宅概說》，有關中國住宅配置形態之討論。

(55)見上引〈神搜經〉之相形章與相堂章，《陽宅大全》卷九頁二、三。

(56)「長條式市屋」爲南方城市中逐漸使用之住宅形式，爲面寬狹窄，進深甚大的建築。本省各地均有實例，尤以鹿港爲最著，見漢寶德：《鹿港古風貌之研究》，民國六十七年，鹿港文物維護地方發展促進委員會出版，頁五八。

(57)「平支陽宅，以得水爲佳，山谷陽宅，以藏風爲美。」見前引《風水全集》卷一〈陽宅透解〉，〈陽宅緒言〉節，頁一六八。這一觀念顯然延續了陰宅、陽宅同一原則的看法。由於這種系統上的區分，本書並沒有傳承清代中葉以前的「八宅」或「三要」的方式，而以「二十四向水吉凶」爲斷。較近於周繼《陽宅眞訣》《八宅四書》系統，與王君榮之《陽宅十書》不同。

(58)見上引書《陽宅納氣》節。「氣」有地氣、門氣〔天氣〕兩種，分別有收納之方法，這與三元派的想法是大體一致的。氣有旺、衰，以判吉凶。若氣合乎生旺之理，可顯現在外表上，故「……宅合元運，樹長林茂，煙霧團結，吉氣鍾靈也」。〔上引書一六六頁〕

(59)「重宅不重基」表示環境不予考慮。基，基地也。不考慮並不是不重要，因爲陽基福地，「早經名家相宅，開府建縣，築宅而居之」〔前引書 頁一六四〕，在城市中已經無考慮之必要。

(60)我國建築除宮殿、官衙、廟寺不需要照壁外，一般居住性的建築，進門後多有照壁。此在閩南建築中少見，爲南方系統建築中之特色。而照壁多爲屋壁的一部分，因北方住宅無自正面直入者，必先進入一側院。

(61)「形法」指山水之形勢，或稱「巒頭」，爲明代以來，風水術之主要原則，參考註②拙文。

(62)「向法」指朝向之吉凶，及各部分間位置相對關係的吉凶，後代亦稱「理氣」，爲風水術中比較神秘的部分。參考註②拙文。

(63)相信景物聲氣相通，相信自然的神秘力量，說明將環境擬人的傾向，《風水全集》中有〈陽宅氣色〉一節最能表達此種觀念，見該書第一六六頁。

(64)見吳大猷等譯，李約瑟著，《中國之科學與文明》，第七冊，第三九六頁。台北商務印書館出版。

(65)只能就可見到的輪廓線及山丘塊體組合推斷。其暗示形狀的認定，由風水家提出，由大衆普遍應合。認眞觀察有時很難同意。

(66)「格」在風水中與「局」不同，但兩字在習慣上常被合用。「局」多用於水法中，說明一地水之來去與方位的關係所造成之局面。基本上與羅盤之使用有關。「格」則爲就地形觀察其氣勢而定。「格」有上中下之分，上格爲貴。在風水上爲砂法的一部分。見徐善繼著《地理人子須知》卷五下「砂法」。

(67)由於象徵高貴的實物形態與制度有關，所以可能因時代而變異。如「魚袋」在唐、宋兩朝爲高官所佩用者，故宋以前用爲高貴之象徵，至明，其制度已廢，形狀少爲人知，意義就不明顯了。見徐著《地理人子須知》卷五頁。

(68)形式吉凶的判斷，就其氣質而定，所以也有山水的性情之說。這是我國環境生機論的一種明確表現，與山水畫在思想上，至少到明代，是能貫通的，見徐著《地理人子須知》卷五頁二三。

(69)形狀九星即貪狼、巨門、祿存、文曲、廉貞、武曲、破軍、輔弼等，見王德薰：《山水發微》頁八七之〈形狀九星〉節。台北，作者自印本，民五八年初版。

(70)見徐著《人子須知》卷七上〈辨正〉第一頁。〈論九星之謬〉節。文字中引蔡牧堂語對流行之風水九星〔形狀與紫白〕吉凶加以批評。但徐著同書卷六下，第二十二頁，有〈九星正變龍格歌〉一節，仍以九星爲名，足證其思緒仍甚混亂。

(71)後世的天星以北斗七星加輔弼支配人之命運除風水中九星論之外，命相中多使用之，如紫微斗數之理論基礎即爲九星。

(72)見趙魯源：《地理玄龍經》卷四所收蔣大鴻所著〈陽宅指南〉。民國六十年，台灣竹林書局版。

(73)這是柳樹在中國人居民環境中逐漸消失的原因，亦可說明文藝的理念與生活中忌諱間的矛盾，最後爲禁忌的觀念獲勝，故今世不復有五柳先生矣。本省習俗中亦忌柳樹。

(74)《三國志》：「古者刑政有疑，輒議於槐棘之下」。在《周禮》中，三槐之位乃大朝時的三公之位，故象徵德操與公正，自古已然。故歷史上有槐布、槐至、槐序、槐廳等名稱。

(75)見註(28)引《詳圖八宅明鏡》卷上，第十二頁，〈形勢〉。

(76)貫井法之井字指天井，即院落。在傳統風水中，兩進以上的宅子稱動宅，不能用一般的辦法，所以就發展了一種吉凶推算的方法，即貫井法。詳見周繼：《陽宅眞訣》卷六，收在《陽宅大全》一書中。

(77)如台灣傳統鄉村建築，尤其在北部，常見以三間爲基礎，兩端加建築單面坡之住宅，此亦有繼續向前加建者，即不合乎風水上的原則。

(78)見一壑居士：〈八宅四書引〉，《陽宅大全》第一頁。《八宅四書》爲《陽宅大全》中所收之第一部書，周繼著。

(79)坊間可買到的翻印有《繪圖魯班經》與《魯班寸白簿》。前者爲清初編印之木工手冊，有甚多禁忌。並附有住宅門前之禁忌圖說，與《陽宅十書》與《陽宅大全》中者相近似。後者爲木匠所用之建宅方向吉凶，有一般風水圖說，爲木匠們兼看風水之用。

(80)在王充《論衡・歲難篇》中已提到當時宅相是重門向的，並評論其非。見《新編諸子集成》第七冊，台北世界書局民國六十七年新三版。

附錄：陽宅內形、外形吉凶表

一、說明

【一】本表之內家爲根據下列五書而整理

㈠《重校正地理新書》金畢履道〔十二世紀〕
㈡《陽宅十書》明萬曆王君榮〔十六世紀〕
㈢《陽宅大全》明萬曆輯〔作者不明〕
㈣《八宅明鏡》清乾隆〔十八世紀〕
㈤《陰陽地理風水全集》民國〔二十世紀〕

表中之代號分別依次爲《金》，《十》，《八》，《陰》

其中《全》爲《陽宅大全》中之〈神搜經〉，〈全〉爲同書中〈楊公十八忌〉

【二】本表中之圖樣爲依《陽宅十書》之圖樣簡化而成，凡在第一欄中有圖者，即自古書上錄出者，圖之來源即外形部分之第二欄中引文的出處，或內形部分之第三欄中引文出處。〔《陽宅十書》之圖樣與《三才圖會》中所載相同〕

【三】內形的第二欄爲圖樣補充說明原書圖文不足。古人之木刻圖缺乏系統，著作者又不知如何做最明確之表現，故有些圖樣，第一、第二欄並不完全相同，凡第一欄空白，第二欄有圖者，表示原書無圖。

【四】外形的第二欄，及內形的第三欄，爲原書之引文。

凡其斷文有以上五書之代號者，表示此一禁忌在該書中出現。

【五】外形之第三欄爲前欄文字之解釋，目的在用現代的文字說明或補充前欄的意指。

【六】外形與內形之第四欄爲註釋與本文作者之按語，有些按語可參考本文正文中之討論。

二、分類目錄

【一】內形〔即建築之配置、形式、構造〕

(一) 內形：配置吉凶

01 孤 獨 房	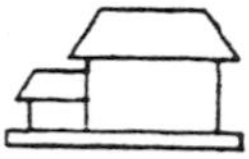	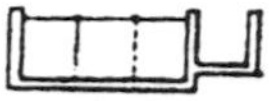	「堂屋西頭接小屋，凶」 《十》家敗人亡	①堂屋即面南正房 ②亦名「元武插尾」，主橫事，損人口
02 單 耳 房	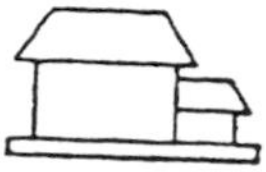	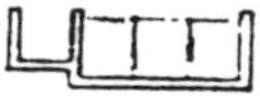	「堂屋東頭接小屋，凶」 《十》主小口馬牛有傷 《全》大小不安，畜傷破敗 《陰》同	①亦名「文武披頭」，斷同上 ②《大全》中又有單翅房之說，疑爲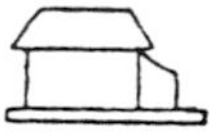
03 雙 耳 房	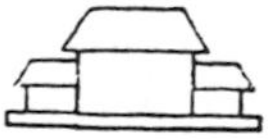	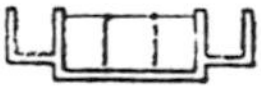	「堂屋兩頭多接小房，凶」 《十》大小疾，血光災 《全》 《陰》	①〈全〉稱孤寡房《陰》稱孤苦房 ②《大全》中又有雙翅房之說，疑爲
04 單 側 房		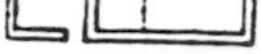	「堂屋東頭靠山橫蓋小房，凶」 《十》有橫災 《全》口舌災禍，破敗 《陰》同上	
05 青 龍 披 頭	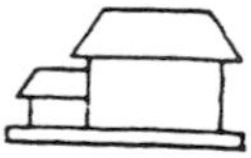		「東房南頭插，凶」 《十》損長男	兩圖原爲一圖，經分爲二（05，06） 立面爲東向 平面爲南向

06 青龍插尾	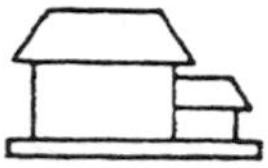		「北頭接小房，凶」《十》同上	同上 披頭、插尾可兼有之，其斷相同
07 朱雀披頭	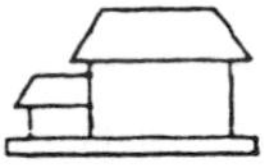	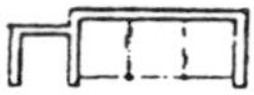	「南屋東頭接小屋，凶」 《十》陰人小口災	兩圖原爲一，經分爲二（07，08），可兼有之，其斷同
08 青龍插尾	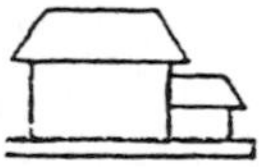	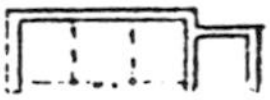	「南屋西頭接小屋，凶」 《十》同	
09 白虎披頭	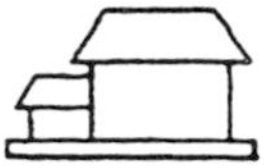		「西房南頭插小房，凶」 《十》主陰人加病	兩圖爲一，析而爲二（09，10） 可兼有之，其斷同
10 白虎畔邊哭	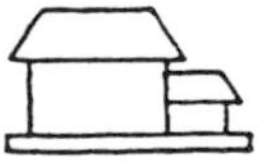		「西房此頭插小房，凶」 《十》同	自01～10，凡屋兩端加小房均不吉

11 孤 陽 房		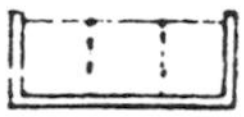	「只有一座房名之，凶」 《十》陽旺女衰，小口災疾 《全》同 《陰》同	①獨房不吉 ②並未指明方向
12 純 陽 房	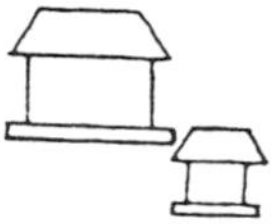	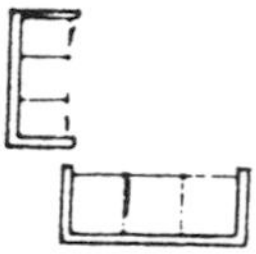	「只有一座北房共東房名之，凶」 《十》彭人小口病 《八》家無老妻	①平面如圖似爲  但衡之實情，斷之如左 ②《明鏡》稱之爲「孤陽房」
13 重 陰 房	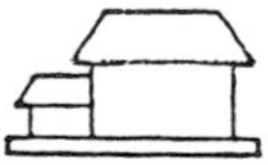	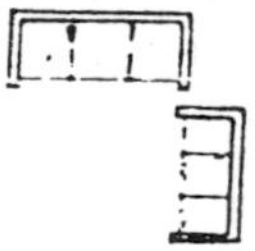	「只有南房合西房名之，凶」 《十》男人不旺，災病生事 《八》家無老夫	①圖、文不合，衡之文意，與上圖相對，斷之如左 ②《明鏡》稱之爲「孤陰房」
14 青 龍 頭		同12	「此屋名爲青龍頭，凶」 《十》長房衣食愁 《全》同	①圖意不明，文不釋圖 ②以《全》神搜經p.15圖解推斷，或爲東屋高之情形
15 白 虎 頭	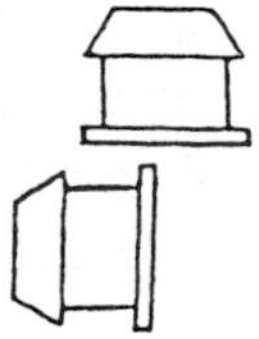	同13	「此屋名白虎頭，凶」 《十》小房衣食愁，幼男孤寡損敗 《全》同	同上

16 白 縊 煞		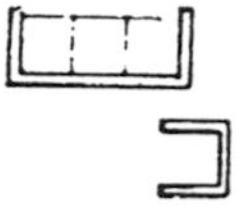	「屋後白虎邊房有一間橫屋，凶」 《八》自縊	依文意亦可能為 
17 投 河 煞		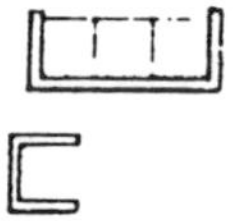	「屋後青龍邊另有一間橫屋，凶」 《八》投河	依文意亦可能為 
18 暗 算 房	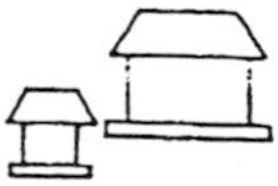		「北屋西頭有西房，凶」 《十》招賊破財	
19 蛇 舉 頭		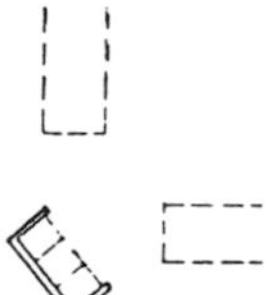	「宅東北角有一小房，凶」 《十》家敗耗，人口衰	圖文不甚相合，圖中之屋兩側小屋疑為刻誤
20 蟲 脹 房		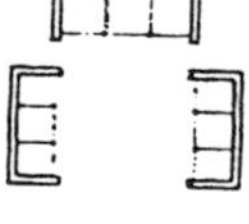	「火位金屋不吉」 《全》陰旺陽衰 《陰》同	火位指座南向北之房金屋為三合院 〔原註〕如面南吉如土屋（四合）吉

21 丁字房	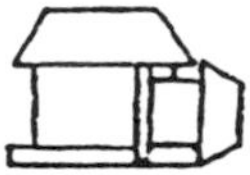	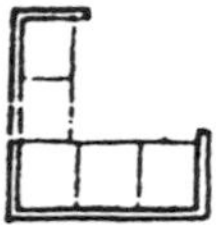	「堂屋東間接連蓋東房名之」 《十》官訟災疾	
22 卜丁房		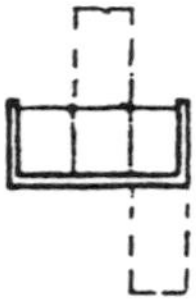	「正堂中宮又蓋小房」 《全》損財招災 《陰》正堂或前或後蓋小房一座，凶同	此條顯與上條有關，各書所傳未盡相同，文意亦不明確，然自主房突出爲不吉
23 王字房		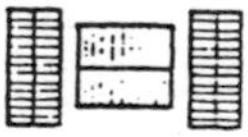	「蓋東西屋中心蓋頂者名之」 《十》陰人小口災	此圖不甚可解，以文字解釋之。依圖亦可畫爲  較近王字
24 工字房	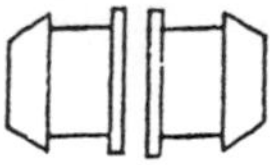		「南北二房，居中蓋東西房爲工字房」 《十》陰人小口不利 《全》同上 《八》工字煞	《八宅明鏡》中明確指出廳後高軒又有正堂之格局爲凶 參考10
25 水字房		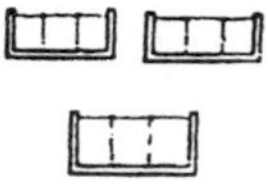	「堂屋中宮有正房，兩邊有屋名之」 《十》疾死多災	《八宅明鏡》中稱金字煞以其山墻面天井也

26 小字房	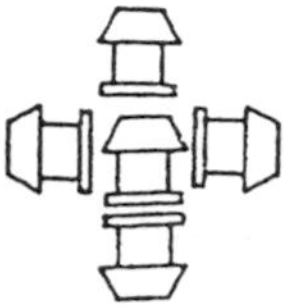	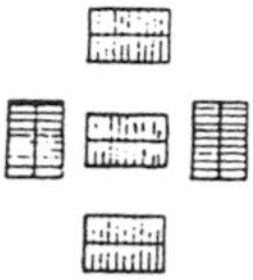	「堂房前中間有正房」 《十》人遭災疾	
27 亡字煞		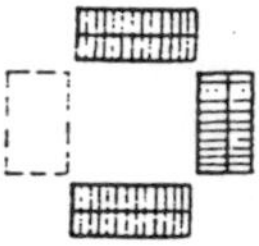	「前後兩進有一邊側廂者」 《八》凶	①側廂兩邊均同 ②《大全》有「屋作曲尺……後有曲尺」者，疑爲亡字
28 孤寡房	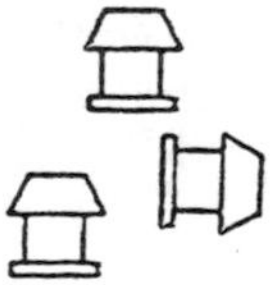	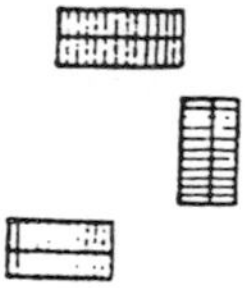	「此屋名孤寡房」 《十》有寡婦二三人瘟火、伶仃	①指自由散置 ②同名參照03註
29 過頭屋	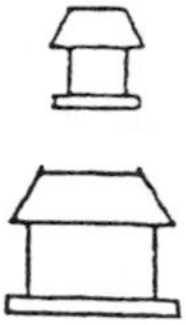		「此屋名爲過頭屋前高後低二姓族」 《十》招疾，動火，損少 《全》同 《八》出孤寡（陰）損子剋妻	①爲一普遍之原則 ②斷面圖左前右後以下圖同
30 干水臨頭	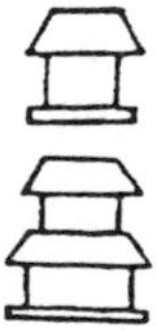		「干水臨頭百事凶」 《十》剋妻損長 《全》主人命 《陰》同	爲上條之引伸

31 四水不回歸	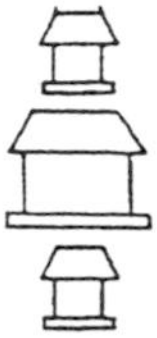		「此屋中高前後低」 《十》孤寡耗財 《全》同（橫火山字） 《陰》同	
32 同上		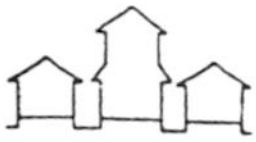	「中高爲樓，主二姓同居」 《全》同 《八》同 《陰》夫妻眉不齊	爲上條之引伸
33 損屍房			「左右兩屋低，中高名之」 《十》損男女，外死 《全》損妻子，外死 《陰》同	①《八》指明爲三間之中間較高者 ②此指高低不勻稱故亦名衝天煞
34 左右脊射		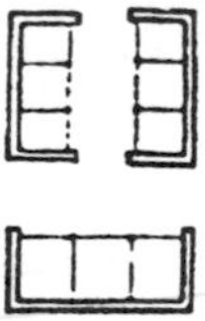	「屋脊射房」 《十》射左房長子亡射右房幼子亡 《全》同	「房」指三間之左右室
35 龍虎筆直齊	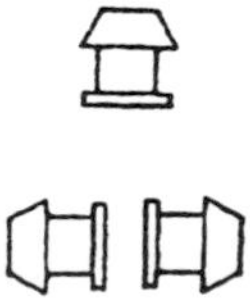	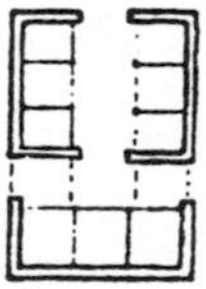	「人家兩直屋」 《十》錢財多不足 《全》又名「退車退財殼」	①「龍虎」指兩廂，「直齊」指與正屋兩山墻齊 ②兩廂與正屋相接與否均可適用 ③如不相接同34

36 推車扛轎	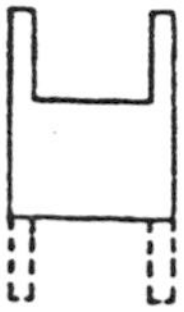	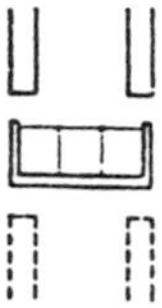	「屋後兩旁有直屋或兩廂過長」 《全》後廂爲江轎，無後，前廂過長爲推車 《八》後廂爲推車	①圖上兩廂與正屋相連，疑不相連亦同 ②兩圖合一
37	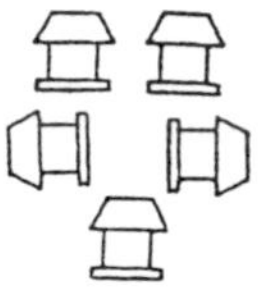	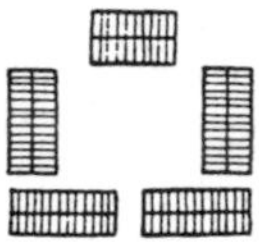	「此屋一木又一木，凶」 《十》孤寡二姓遭疾 《全》同	曲尺爲木，「一木又一木」即二曲尺之意見《大全》
38 埋兒殺	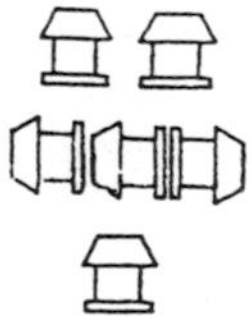	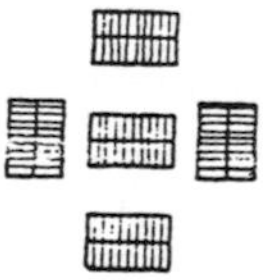	「此屋中門有小屋」 《十》人丁損死 《全》小兒難育，人多外死 《八》同 《陰》同	此爲一普遍接受之忌，一般均指在四合院內有小屋，《十書》中此圖有二堂屋，疑爲刻誤
39 天井埋兒殺	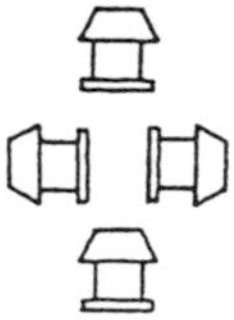	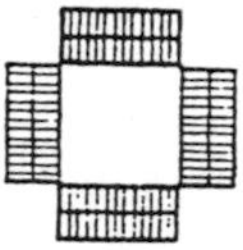	「若得人家四屋夾，中門（間）天井埋兒殺」 《十》難生，招疾 《八》中堂爲口字四簷相對	①「四屋夾」即四簷相對 ②「四邊多有屋，中間天井出入又無墻」稱「扛屍煞」 《八》
40 金字煞		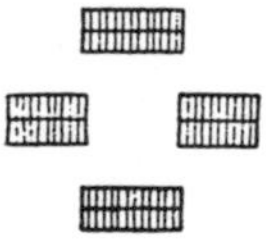	「不論前後，天井兩旁如有山墻對照，凶」 《八》同	①參考25 ②原無圖

41	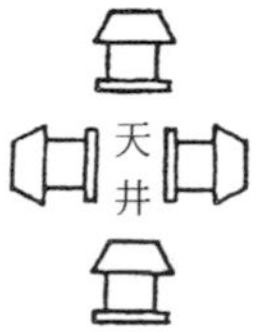	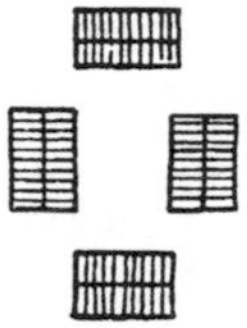	「天井方而淺者爲佳」 《全》富貴不離 《陰》同	①《十書》中未表示「方而淺」之意，僅以圖示天井 ②天井宜方正爲普遍之觀念，且有「扁直均凶」之斷，《全》《陰》
42 品字房	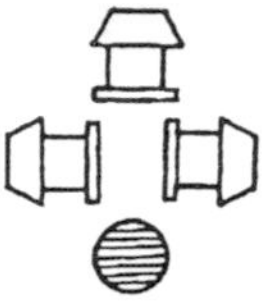		「此個人家品字樣」 《十》吉，富貴聲名通帝邸	
43 暗算房		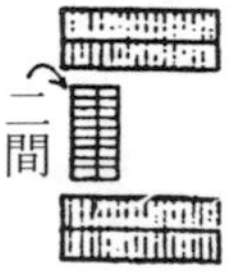	「南北二間山頭頂二房簷」 《全》破財盜賊 《陰》同	①山墻頂簷之意 ②又有「暗箭房」之說，概指直沖正房
44 傍台房		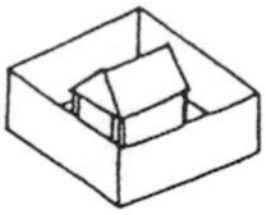	「堂屋一座，東西直過道來往，四面墻高，屋舍低下，四直沖空」 〈全〉盜賊、傷財、官訟	此指四外墻高聳，內屋不依格局 《陰》同，名爲倚台房
45 晒屍房			「蓋房經年不蓋完名之」 《十》疾病陰小損。	未苫蓋者稱廠屋房。 《全》 《陰》 《全》未蓋瓦稱凋零房

46 披頭房			「只圖省力，就墻上搭椽蓋廈，有棟無脊，就墻苫蓋者」 《全》多災疾， 《陰》同	此指單面坡
47 單翅房			「舊堂房東墻立廈橫椽，或逆順插一小屋，凶」 《全》先傷子孫，後損血財 《陰》同	①指舊屋新添 ②參考01
48 雙翅房			「堂房西面伏頂搭上椽捉廈者，凶」 《全》家道破損不利 《陰》同	①亦稱舊宅 ②參考03
49 人翅房			「舊堂房前後又按新椽者」 《全》災疾，官事 《陰》同，名「插翅房」 《十》同	不可伸出新簷
50 焦尾房			「不論某房多年再前重接廈」 《十》不祥	①亦稱焦耳房 ②椽而有柱即爲廈 ③前後廈亦凶，《十》

51 患尾房		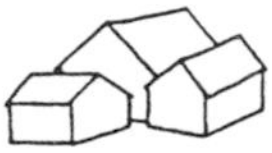	「舊堂房或前後左右又接二椽，又不成一間，只爲廈縴」 《全》忤逆詞訟破財	①「二椽」疑爲雙面坡頂 ②左右接椽之方式待考
52 龜背莊頭房			「舊堂房四邊低下，又新插一椽，其屋中心高」 《全》損財傷疾 《陰》同	此文不通，又無圖，意難明，「龜背」疑爲屋頂損壞後之形狀，故畫如圖，「莊頭」之意待考。
53 漏星房			「舊宅房忽然四面安窗五七處門戶二三處」 《全》小兒疾，破財損傷 《陰》同	不可四面開窗之忌
54 鳳台房		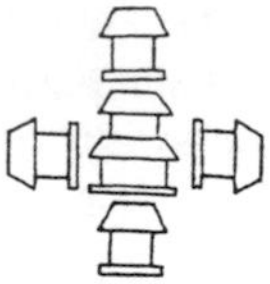	「舊宅忽然中心蓋樓房，四面吊窗」 《全》官訟破財，男凶強，女亂遊	參考32
55 星堂房			「舊房破星大漏有窟者，凶」 《十》官災橫事，人財不旺。	屋漏見天之意

56 癱陰房	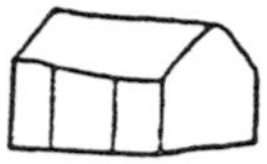		「拆房一半留一半名之，凶」 《十》人不利，口舌，官事 《全》陽屋男傷，屋女傷 《陰》同上	①患，疑爲「瘓」字
57 枯骨房			「新房兩三年壘起，壘堅不掩蓋」 《全》災疾耗財 《陰》同	新屋未完而傾
58 赤腳房			「年久損壞，前後簷椽無笆箈，雨水浸爛二三尺」 《全》耗財，人亡多疾，離 《陰》同	《八》屋宇不整，日破立碑，椽頭露齒，「零丁房」也。「赤腳，爲以形名，「零丁」爲以意名
59 露脊房			「舊堂年久損壞，露脊出或山柱或梁破壞，雨淋朽者」 〈全〉疾亡，出家，破財 《陰》同	《八》棟斷梁斜，「疾痛宅」也。「露脊」爲以形名「疾痛」爲以意名
60 露骨房			「舊房年久損壞，立起不苫蓋或壘墻爲泥」 〈全〉禍疚狂 《陰》同	同名見72、73

61 孤獨房		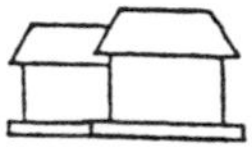	「舊屋二、三間，或新舊相接，不成宅體，凶」 《全》多疾，耗財，傷大畜，小口疾 《陰》同，名為「偏身房」	
62			「前簷滴後簷，兩層屋相連不宜」 《八》凶	
63 穿心煞			「屋前如有梁木搭板，暗中簷架」 《八》凶	文義不明，「梁木搭板」疑為平板，「穿心」疑為梁木沖人簷架之意
64		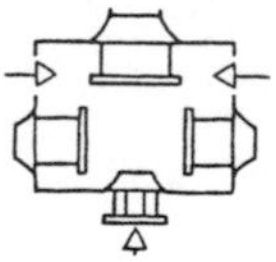	「一家連開三門，為品字，凶」 《八》主口舌	①品字為三口之形象 ②門不宜過二之意
65		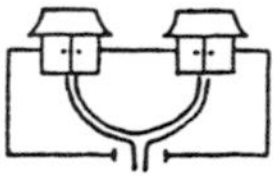	「門前四面圍牆，中間開一門，東西二家，具經一門入，主凶」 《八》	

66 相罵門		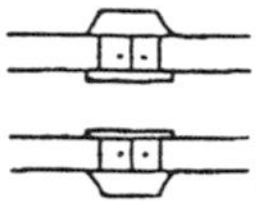	「兩門相對，凶」《八》主家不合	甚爲流行之禁忌
67		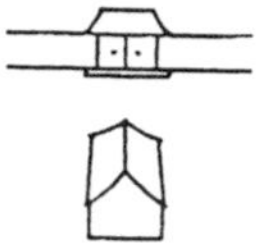	「墻垛或屋尖當門者凶」《八》	後世至今日普遍相信之禁忌
68		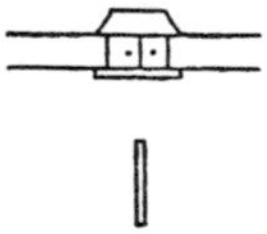	「不論前一線門首或盈柱（當門者）凶」《八》	同上
69 穿煞			「山尖中開門，凶」《八》	這是後世一般之原則，與西式建築適相反者
70			「門扇高於墻壁，主哭泣」《全》《八》	

71			「房門上轉軸透出，凶」 《八》主生產不易	適中，不可「過」，爲中國之原則
72 露骨房		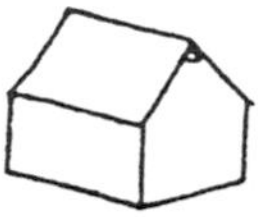	「屋脊兩頭露出邊」 《全》刑耗人災 《陰》同，名露梁房	同上 同名異議，見52、58
73 露骨房			「蓋房不截房簷木者名之」 《十》破財哭泣	椽條不宜伸出之意，同名異議，見52、57
74 露肘房			「凡屋四角整齊，或上木料不蓋合」 《十》陽人有災	文義難解 似爲椽條不宜外露，應用木板蓋合之意
75		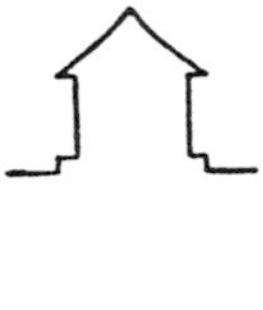	「不論前後簷下水滴在階簷上者」 《八》凶	台基不可大過屋簷或等長，此顯爲民宅之習慣。 「階簷」疑爲「階沿」之誤

76 懸針煞		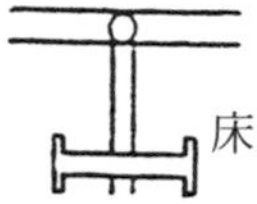	「床横有柱者，名之」 《八》主損小口	此實表示床跨兩間之意，今人則以梁横床上爲忌
77 出沌			「屋上大梁又加八字木者凶」 《八》	後世廢除斜撐，漸懸爲禁忌
78	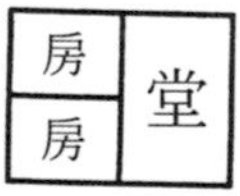	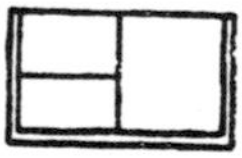	「有左無右」 《全》凶，寡無後	對兩間房正式懸爲禁忌
79	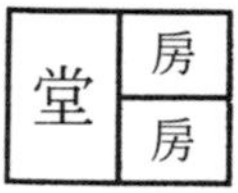	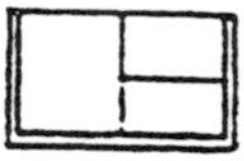	「有右無左」 《全》凶，世代寡婦	
80	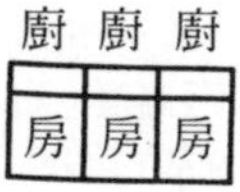		《全》敗絕格	房雖三間，但平等的應用亦不可，必須有主從

（二）外形：宅居地形吉凶

<table>
<tr><td>101</td><td>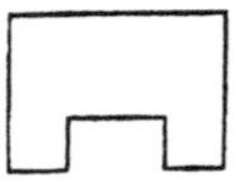</td><td>「子不足」凶，口舌《金》</td><td>宅地北向，中缺，即向北之三合院型</td><td colspan="2">我國方向以南為正，以北為後，不能缺後宜虛前實後</td></tr>
<tr><td>102</td><td>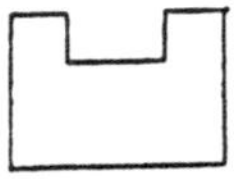</td><td>「午不足」吉，富貴《金》</td><td>宅地南向，中缺，即向南之三合院型</td><td colspan="2">南為前，缺前為吉，為三合院之依據</td></tr>
<tr><td>103</td><td>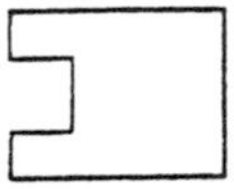</td><td>「卯不足，吉」《金》</td><td>宅地東向，中缺，即向東之三合院型</td><td colspan="2">東為前，缺前為吉，與上同</td></tr>
<tr><td>104</td><td>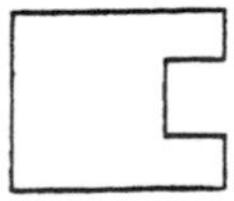</td><td>「酉不足，凶」《金》</td><td>宅 地 西 向 中缺，即向西之三合院型</td><td colspan="2">西為後，缺後為凶</td></tr>
<tr><td>105</td><td>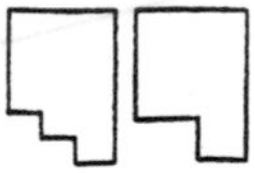</td><td>「丑寅缺，吉」《金》宜官祿《十》富貴</td><td>宅 居 缺 東 北角，即南與西形成之曲尺型</td><td>屋東向南廂屋北向西廂</td><td>此部分之禁已甚難了解其原因，明代因襲宋金亦無申說，且與後文矛盾</td></tr>
</table>

106	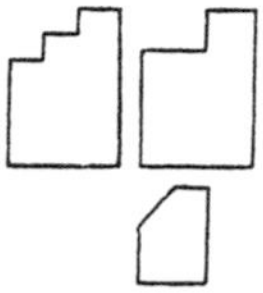	「辰巳缺，吉」《金》富貴宜後《十》子旺富足	宅居缺東南角，即北與西形成之曲尺型	東向屋北廂 南向屋西廂	我們可自禁忌釋其座向與配置如左
107	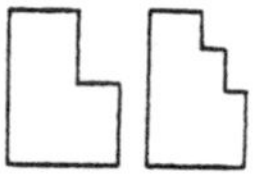	「申未缺，吉」《金》《十》宜官祿《十》凶	宅居缺西南角，即北與東形成之曲尺型	南向屋東廂 西向屋北廂	
108	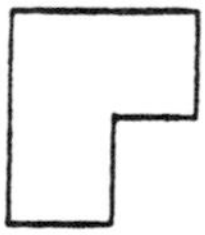	「戌亥缺，凶」《金》不宜仕官《十》吉，子孫興旺	宅居缺西北角，即南與東形成之曲尺型	屋北向東廂 屋西向南廂	
109	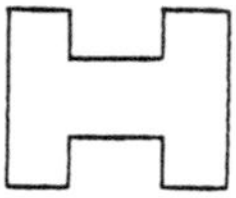	「子午缺，凶」《金》《十》	東西向宅不宜工字形	後代對工字形各種方向均不吉	
110	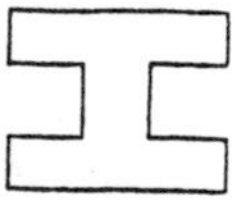	「酉卯缺，吉」《金》《十》《全》後代有人命破財《八》工字煞	南北向宅可以採工字型	明代後工字型爲不吉，稱「直舍」，〈神搜經〉云「惟衙門可用」，此處《陽宅十書》乃因襲宋金傳統說法	

111	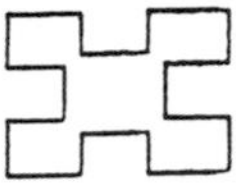	「子、午、酉、卯缺，吉」《金》	向心型宜採四隅伸展	
112	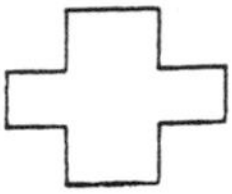	「四維不足，凶」《金》〔四維爲四隅之意〕	向心型不宜十字型	
113		「左短右長，吉」《金》富貴	東向宅，門廳窄，後堂闊	我國習慣以左爲前，以右爲後，此爲同於「前狹後闊，吉」之理，明代將此與115併
114		「左長右短，凶」《金》少子孫	東向宅，門廳闊，後堂窄	此合於「前闊後窄，凶」之理，明代將此與116併
115	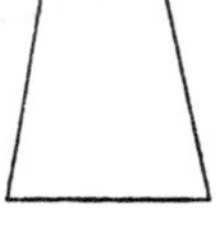	「前狹後闊，吉」《金》富貴《十》富貴平安	南向宅，門廳窄，後堂闊	前狹後闊，爲不得方正格局時之選擇，此一價值觀與國人深藏不露之道德觀相通

116	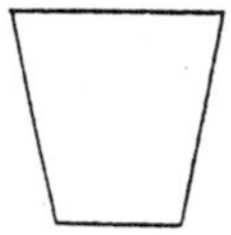	「前闊後窄，凶」 《金》貧乏 《十》財破人死 《全》初代男癆，二代女縊	南向宅門廳闊，後堂窄	〈神搜經〉認此爲火形
117	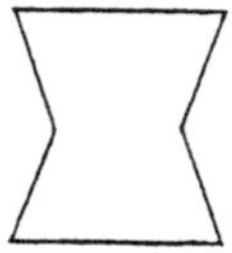	「南北長，東西狹，吉」 《金》 《十》	①與109同 ②或可解釋爲進深大於面闊之基地	圖樣與說明不甚相符，圖樣爲一拙笨之說明，亦可視說明爲錯誤
118	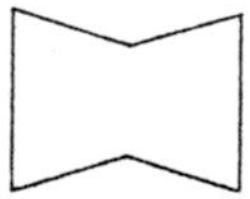	「東西長，南北狹，初凶後吉」 《金》 《十》	①與110同 ②或可解釋爲進深小於面闊之基地	同上
119		「東西寬大，前後尖，凶」 《十》		同上
120	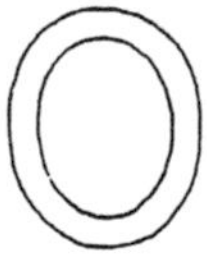	「中央高大號圓丘，吉」 《十》富貴	①主屋比四周高大 ②輪廓近圓	圖樣與說明不甚相符 圖樣具有解釋性，亦指其形狀

121	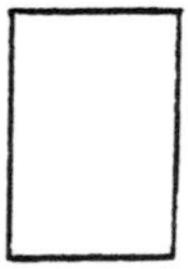	「仰目之地，吉」《十》富貴		同上
122	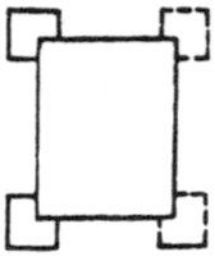	「宅不可接屋造屋……因之破格」《全》	自矩形突出部分均有不同斷語，突出一處或多處均凶	
123	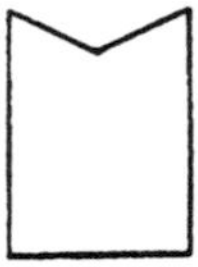	「造屋址地不整者不吉」《全》主凶頑人命破家		
124	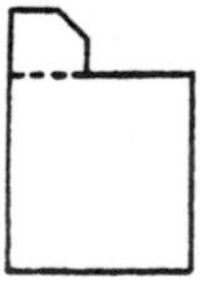	「破軍金形」《金》婦人淫佚	左右均凶，右主室女，左主媳婦	

地勢高低吉凶

201		「西高東下，吉下」《金》《十》	面東之宅前低後高	國人於坡地，喜前低後高，自低處向上。據金張謙云，陰宅適相反。以下數條可看出宋代對環境之吉凶判斷，可不必因建築而為之
202	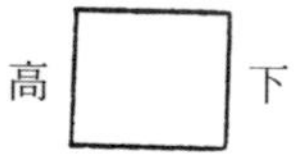	「東高西下，非吉」《金》《十》	面東之宅前高後低	同上
203	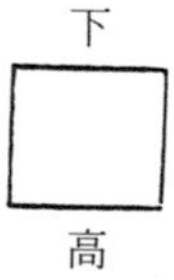	「北高南下，吉」《金》	面南之宅前低後高	同上
204		「南高北下，凶」《金》	面南之宅前高後低	同上
205	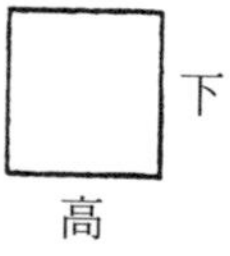	「北高西下，凶」《金》		

206	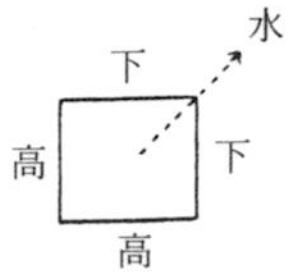	「東高，北高，西下，南下，且有西南水，凶」 《金》		同上
207	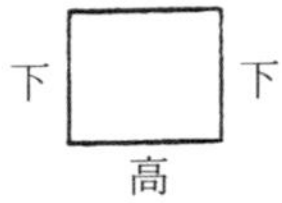	「北高，東西下，凶」 《十》		同上
208	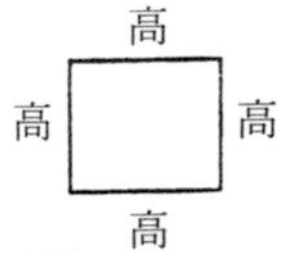	「東、西、南、北高」 《金》《十》吉，富貴 《八》凶，貧窮	四面高的環境可聚水	①此條顯可看出自宋至清，在四周環境上之觀念有所改變 ②或可解釋爲金代文獻所指乃遠山
209	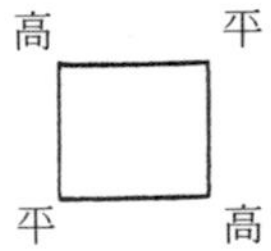	「東南平，西北高，吉」 《十》	「西北仰高，東南有重岡」	《陽宅十書》中之釋意，似爲遠處之環境
210	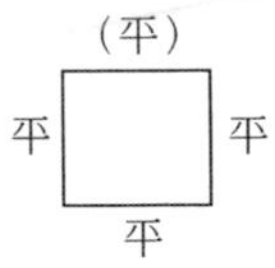	「方圓四面平，吉」 《十》富貴旺人		自古以來，仍以平整爲上

211	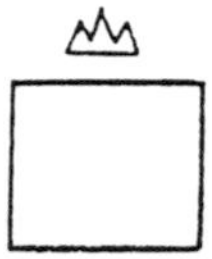	「前有山，凶」 《十》滅門		參考204，高與山同山型爲香爐型，吉，見B301
212	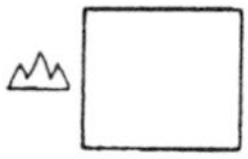	「東有山，凶」 《十》		參考202，高與山同
213	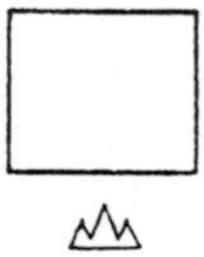	「後有山，吉」 《十》		參考203，高與山同
214		「前後有山，凶」「前後有沙，吉」 《十》		「沙」亦爲山，在風水，「沙」爲高起之目標。《陽宅十書》顯有矛盾
215	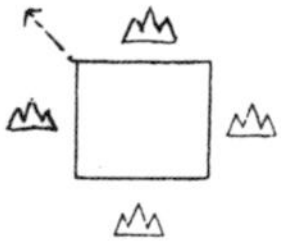	「四周有山，吉」 《金》		參考208

216	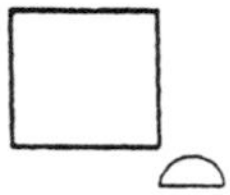	「乾地有丘，吉」《十》后鄉	丘爲土山原圖錯，改正	本條以下，包括丘、「坵」，「坵」爲墳
217		「東北兵墳在艮方，吉」「艮地有孤墳，凶」（百步內）《十》「東北有丘吉」《金》		東北爲吉方，但孤墳不吉，故宜遠 參考227
218	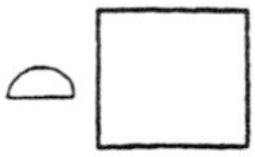	「卯地有丘，凶」《十》「宅左有孤墳，凶」「卯地丘墳，凶」		參考202、212 高與丘同解
219	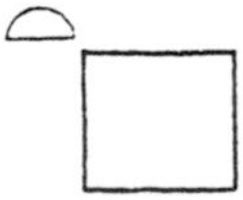	「東南有圓陵，吉」《金》	陵同丘，故附於此	
220	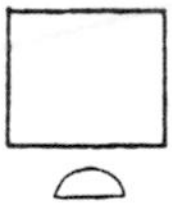	「正北有丘墳，吉」《十》富貴		參考203、213

221	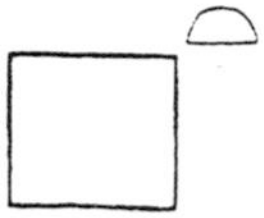	「西南高丘，吉」 《金》「坤地丘墳，吉」 《十》宅榮兒旺	原無圖 《十書》中有圖以「坵」代丘墳	
222	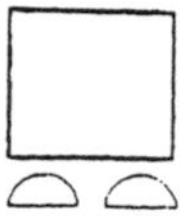	「宅北有二丘，吉」 《金》	原無圖	參考203、213
223		「前後有丘，半吉」 《十》	原書爲坵，與丘墳同	參考214，高起之方式不同，吉凶之斷不同，似爲過高爲凶，略低半吉，再低爲吉
224	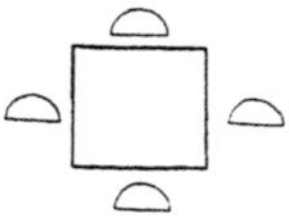	「子、午、卯、酉有丘，凶」 《金》	原無圖	參考208、215，有不同之吉凶斷
225	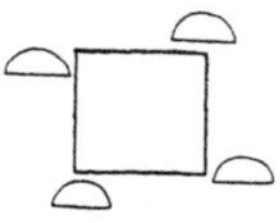	「丑、辰、未、戌有丘，吉」 《金》	原無圖	

226	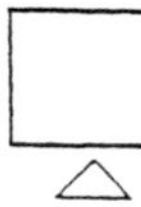	「宅後有高岡，吉」《十》	岡（崗）山脊	參考203、213、217，均與高同解
227	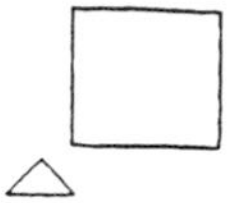	「艮方有丘，有岡，皆吉」《十》		
228	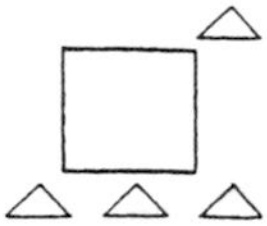	「坤、乾、坎，艮山岡高，前平，吉」《十》人旺出眾		
229	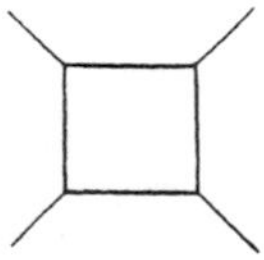	「宅門在龍頭上，凶」《全》	龍頭即高處頂上，宅不可建在高處	四面流水向外爲凶，四面流水向內爲吉，參考208、215

水勢吉凶

301	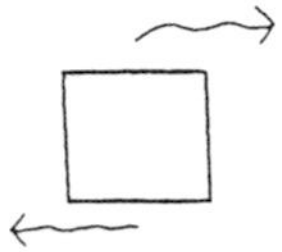	「修宅涯水頭，凶」 「門前屋後流淚水，凶」 《十》	宅於水源是不吉的「流淚水」即點滴成流之源	此條之解釋仍以較大之環境爲宜，即在宅之附近爲水之起源
302		「水直來射，謂前水，凶」 《金》子孫誅滅 《全》家散	水來之方向不定，但以面正門爲最	實際情形甚少，但一般概括解釋水流直沖，包括以下二例
303	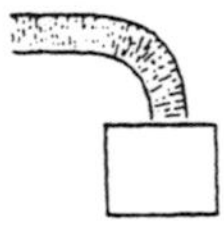	「左邊水來射午宮，凶」 《十》先富後貧		
304	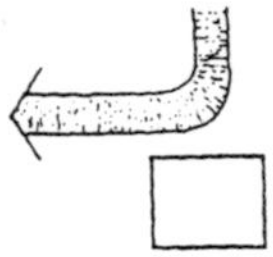	「水直來衝，折回者，凶」 《全》子孫爲盜		
305	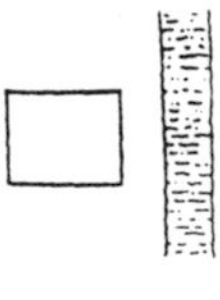	「西水通江河，凶」 《金》	宅之西有水流南北向，通往江河	一般說來，國人以水在宅前爲吉，宅後爲凶，東、南爲前，西、北爲後

306	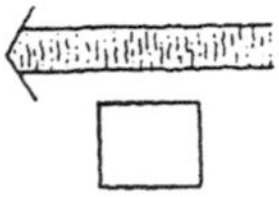	「東流水，居北吉」 《金》		同上，宅前爲吉
307	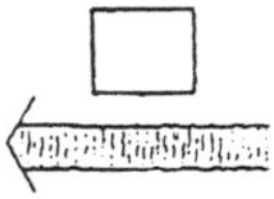	「東流水居北，凶」「北水通河，凶」《金》	凡水在宅北，東西流向，凶，東流亦凶	「凡外宅近水地，若在水西，水北，近水吉。在水南、水東，須遠水吉」 《金》
308	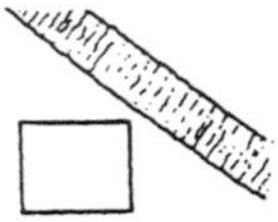	「水勢斜干宅，凶」 《金》盜賊傷人	圖解只表示一個方位，實際爲斜水之示意。稱帶劍	凡斜水均不吉
309	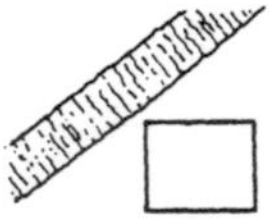	「西南水流至宅折東北流，大吉」 《金》《十》	此圖與上說有矛盾，或爲圖誤應爲繞宅而過	
310	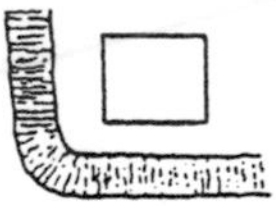	「水曲，宅居曲中，大吉」 《金》	正角曲	在水曲之中設宅，有藏聚之意，均吉，此爲一般原則

311	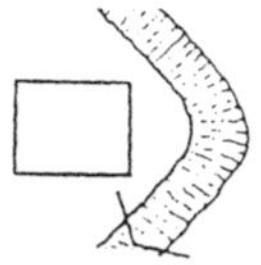	「東南水西過宅，東北去吉」《金》	斜角曲	同上，有方向性
312	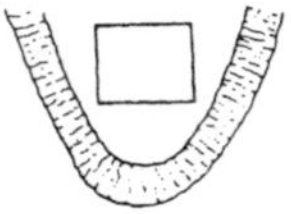	「水流西南來，東有山，宅在水曲中，大吉」《金》	因山而出現銳角曲	同上
313	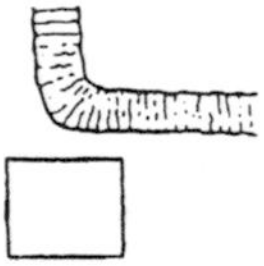	「水曲在宅南，凶」《金》		一般言之在水曲外側設宅、墓均不吉
315	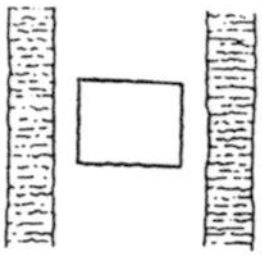	「左右有長波，吉」《十》兒孫福祿	稀有之情形	
316	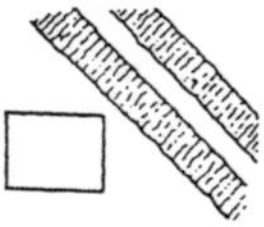	「南兩水流向西，凶」《金》不孝，殘疾	不可能之情形	

317	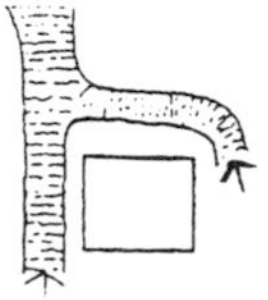	「兩水相激觸，凶」《金》子孫相拼		
318		「地爲牛鼻汗，日清血水，凶」《金》子孫惡疾		以下諸例，均爲對自然環境所下之判斷，與方位無關，明代以後不復有此等禁忌
319		「亂水無溝脈者，凶」《金》子孫淫邪		
320		「因雨則停，無雨則乾，凶」《金》血山		
321		「水發朱雀入眞武，凶」《金》子孫不孝		

322	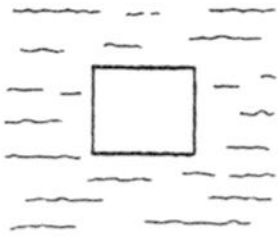	「四方有水，宅居中央，凶」 《金》新富後貧， 傷子孫		
323		「西有池，凶」 《金》《十》		池亦爲水，其與宅關係吉凶，原則上與河流相同，宜東、宜南，不宜西、北
324	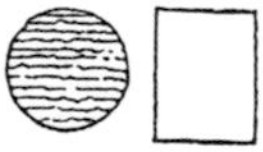	「東百步有澤，吉」 《金》		凡水近宅太近均不利，故在吉方，亦宜有百步之遠。
325	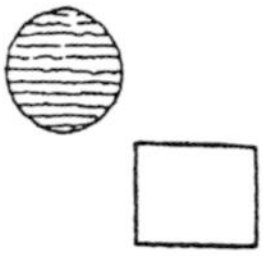	「東南有澤，富」 《金》 「辰巳有塘，吉」 《十》		明代指出較精確之方向，其故不詳
326	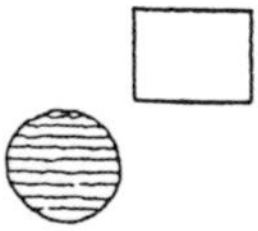	「東北有澤，凶」 《金》		東北宜高，澤爲低 參考227

327	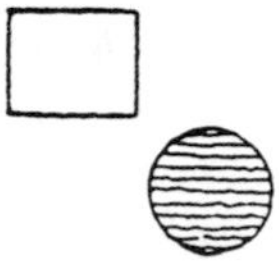	「西北高有池，吉」《金》 「西北乾宮有池，凶」《十》		西北宜高，池爲低 參考206

道路吉凶

401	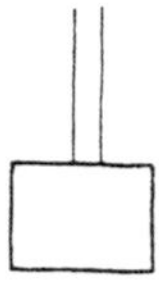	「南有道來，凶」 「午方道衝，凶」 《金》《十》《八》	有重複之說明足證重視	①道路直衝均凶，自古為然 ②所衝之凶兆，多有不同解釋且屬意會 ③道路與水流除東、西反向外，餘可參照
402	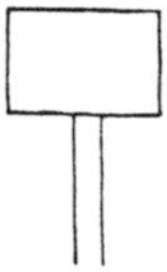	「北有道來，凶」 「子方道來，凶」 《金》《十》	同上	同上 路衝僅指對門而言，以下圖至408均衝門
403	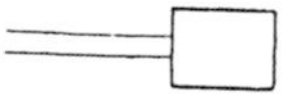	「東有道來，凶」 「卯方道來，凶」 《金》	同上	同上
404	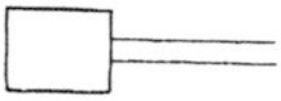	「西有道來，凶」 「西方道衝，凶」 《金》	同上	同上
405	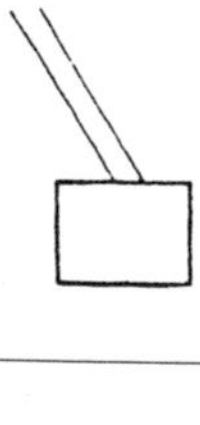	「巽方道來，凶」 《金》傷女口	文中未說明道來是否為衝，但圖中似仍以衝門為主	

406	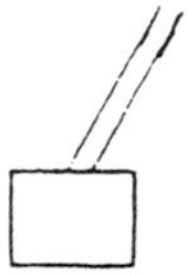	「坤方道衝，凶」《金》子孫散財	同上	
407		「乾方道衝，凶」《金》害人畜	同上	
408		「艮有道來，凶」《金》病淫不正	同上	
409	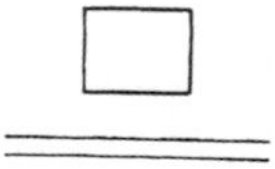	「道在北，凶」《金》 「白虎登墻」《十》《全》		
410	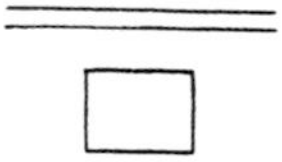	「道在南，吉」《十》富貴	原無圖	

411	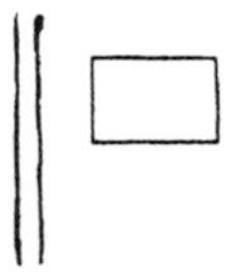	「道在左，先吉，後凶」 《十》		無道在西之圖說，在宋元之前，道在西爲吉，視爲當然也
412	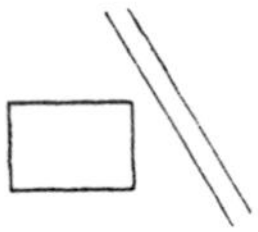	「西南大路，吉」 《全》家富	原無圖	
413	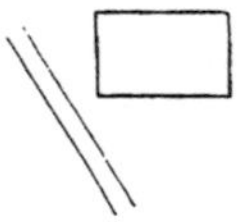	「東北大路，凶」 《全》貪	原無圖	未見有東南，西北兩角有大路之圖說
414	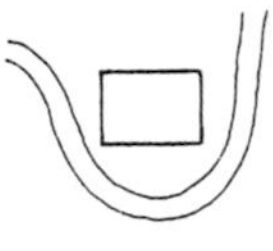	「道從前來，繞宅自南出，凶」 《金》		
415	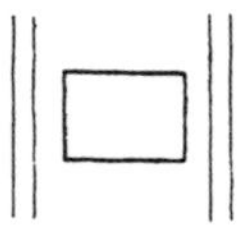	「左右兩旁有大道，凶」 《十》死傷，財破 《全》言出，事難	有圖寫「道」字	

416	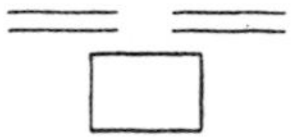	「東西有道在門前，吉」 《十》子孫富貴	有圖僅寫「道」字 此圖爲一僅有的解釋，雖不合理	參考410，實同。可能爲國人民間習慣說法，因路通兩向也
417	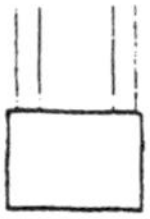	「東西有道直衝懷，凶」 《十》病災	有圖僅寫「道」字	
418	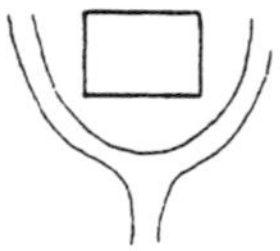	「宅門在歧口，凶」 《金》不利子	此圖不表示方向	
419	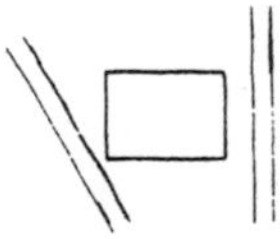	「東北斜道，西有大道，先吉後凶」《十》		道在西爲吉，道在東北爲凶，合則先吉後凶 參考413、411註
420	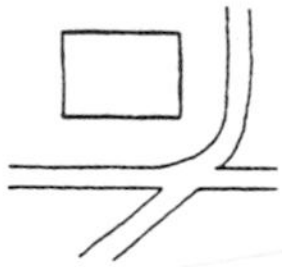	「北有交道，凶」 《金》身體不完		交道爲凶，凡前後，四角有交道均凶，其斷則演而爲說。
421	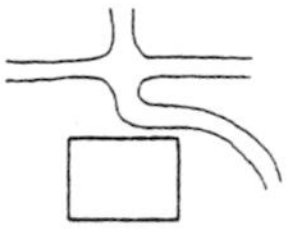	「南有交道，大凶」 《金》出狂顛		

422	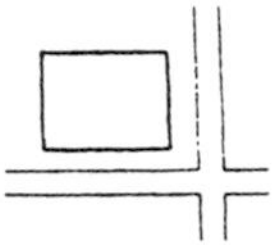	「西北有交道，凶」《金》狂亂貧乏「先吉後凶」《十》		《陽宅十書》斷爲先吉後凶，乃以西路爲吉，北路爲凶，參考419
423	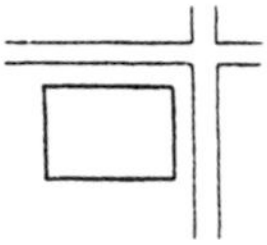	「西南有交道，凶」 《金》女子淫佚		
424	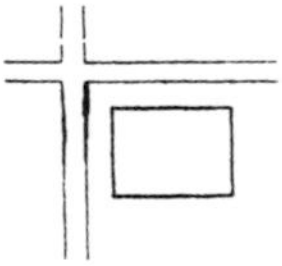	「東南有交道，凶」 《金》爭訟亡財		
425	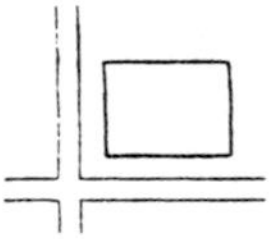	「東北有交道，凶」 《金》鬼病連綿		
426	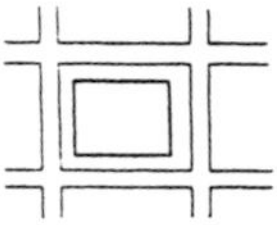	「四面有交道，凶」 《金》淫佚風邪 《十》損財禍死		
427	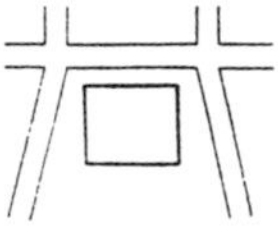	「交路夾門，凶」 《十》人口不存 《全》人口不存		

綜合表現

501	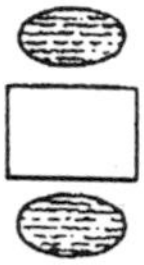	「宅南有池，北有澤，吉」《金》	澤亦爲池，較池爲大。	宅南有池爲吉
502	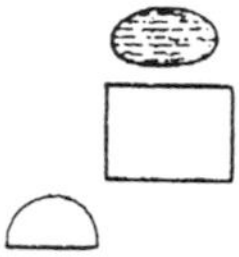	「宅南有池，東北有丘，吉」《金》富貴		兩吉相加，參考217
503	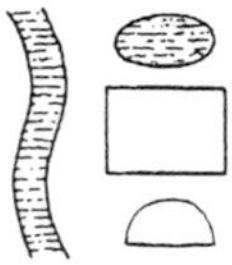	「南有池，後有陵，西北高，吉」《十》富貴		三吉相加，參考305、220
504	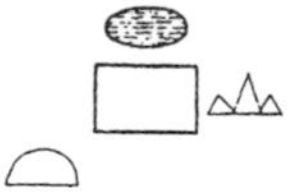	「南有池，東北有丘，西又有山，吉」《金》富貴，子孫盛		三吉相加，參考502、201
505	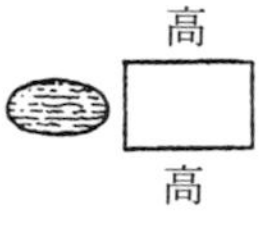	「東有池，且南北高，吉」《金》		①東有池爲吉宅 ②南、北略高爲吉（參考214）

506	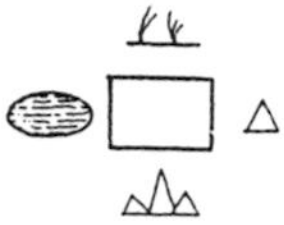	「東有池，前有草，後有山，西有岡，吉」《金》公卿相		數吉相加，參考201、203、324
507	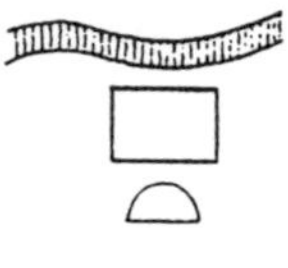	「宅南有河，北有丘，吉」「北有小陵，大吉」《金》		宅南有河爲吉宅，二吉相加
508	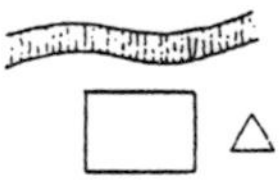	「宅南有河，西有岡，吉」《金》		同上
509	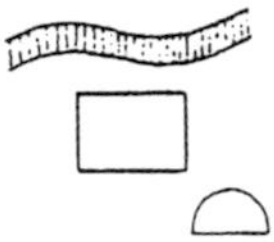	「宅南有河，西北有丘，吉」《金》		兩吉相加
510	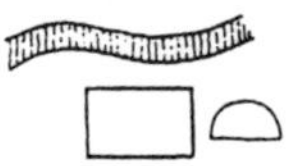	「宅南有河，宅西有墳，吉」《金》	墳與丘相當	同508

511	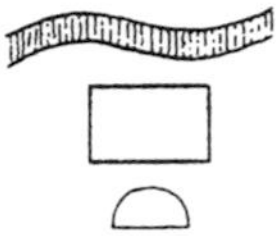	「宅南有河，宅北有墳，凶」《十》損耗畜死		參考507、220 明代對墳、丘之分較嚴，但《陽宅十書》顯有矛盾，此墳或爲孤墳，葬人者
512	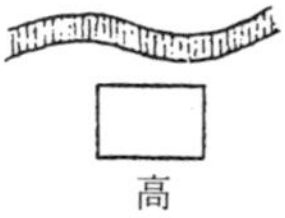	「宅南有河，且北高，吉」《金》富貴	原註宅距河四十步	參考507、220
513	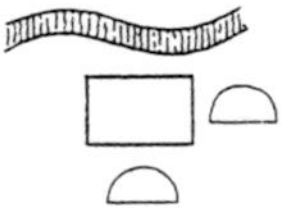	「宅南有河，且西北均有丘，吉」《金》		數吉相加
514	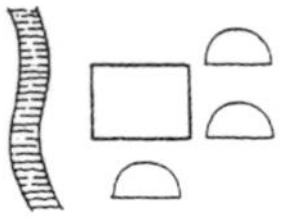	「宅東有水，西有雙丘，北有丘，大吉」《金》天倉吉		
515	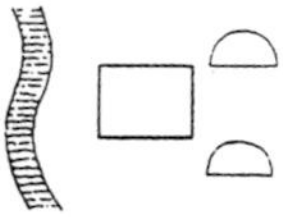	「宅東有水，乾坤大坡，墳墓，吉」《十》富貴		疑此條由514解釋而來。乾指西北，坤指西南

516	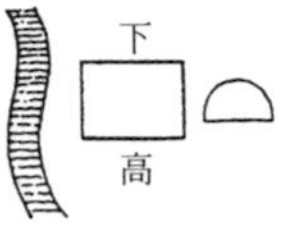	「宅東有水，且北高南下，西有小陵，吉」《金》		合數吉
517	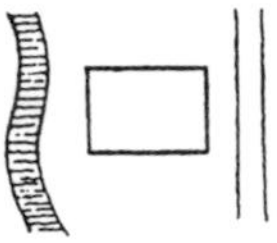	「宅東有水，且西有大道，吉」《十》		此爲合青龍白虎之象，《陽宅十書》因襲古說，明代以後改變
518	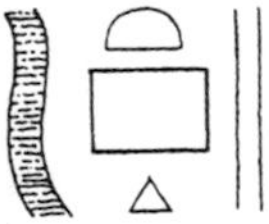	「宅東有水，前有高埠後有岡，吉」《十》世世居官		
519	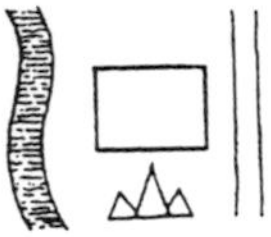	「宅東有水，且北有大山，吉」《十》出公相		北方有大山，福力長，故大吉
520	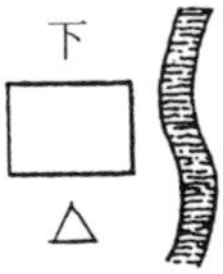	「宅西有水，且北有岡，南下，吉」《金》吉八十年		宅西水應爲凶宅，若與前低後高合，可爲半吉

521	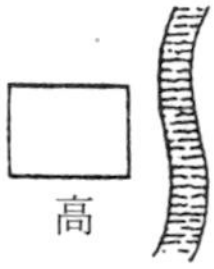	「宅西有水，且北高，吉」《金》富		同上
522	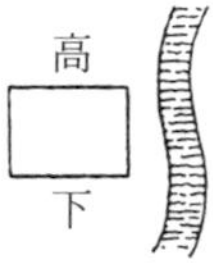	「宅西有水，且前高後下，先吉後凶」《金》		此條實難解，兩凶相合竟不凶
523	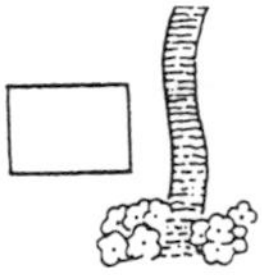	「坤地水流，乾地林木溝河，凶」《十》	此圖爲一解釋亦可釋爲西南有水，西北有林木溝河，但不知水之流向	
524	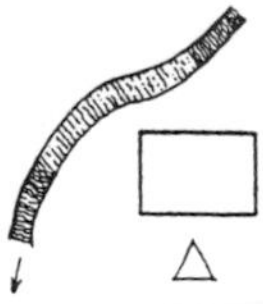	「西南水，東北去，後有短岡，吉」《金》財		參考309
525	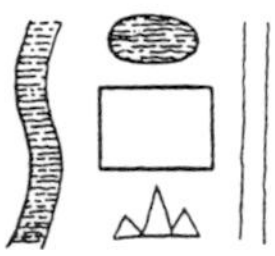	「左有流水，右有長道，前有汙池，後有丘陵」《金》爲最貴地	左青龍，右白虎，前朱雀，後玄武	此爲古典風水之四神獸配最貴地。右列四種元素之名稱爲古典風水所用

526	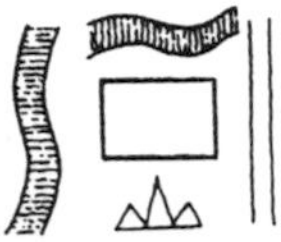	「東、南有水西有道，北有山，吉」 《十》富貴女賢		與上條相近，可見《陽宅十書》受宋代之影響
527		「東南有水，宅後高綿遠，吉」 《十》人旺財富		爲526之部分
528	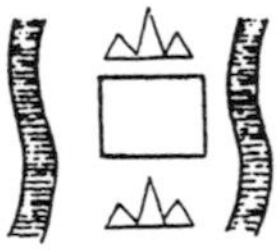	「前後山，左右水長渠，吉」 《十》富貴		
529	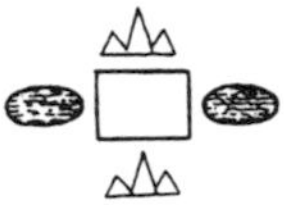	「前後高山兩相宜，左右兩邊有沙池。吉」 《十》長命富貴		
530	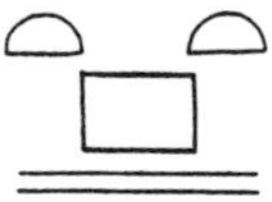	「前左右有丘陵，後道平遠，吉」 《十》	①「巽地開門」爲一條件 ②原圖用文字	

531		「前後墳林，凶」《十》家破有災	原有字無圖，但圖文不合，此取其文意	
532		「庚辛、壬癸有墳林，吉」《十》兒孫興	庚辛爲西略偏南北，壬癸爲北略偏東西，原圖文不合	西與北宜林
533		「南有林木，凶」《金》《八》	原圖文不合	南與東南（536）不宜林
534		「宅居林中，凶」《十》財散宅驚	原圖文不合	
535		「四角林桑，禍不可當」《十》	易文爲圖	

536		「林墓西北居之，凶」《金》	同上	
537		「宅前林木在兩旁，乾有丘埠，艮有崗，吉」《十》富豪後貴		
538	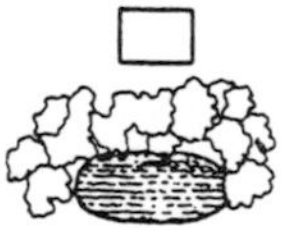	「宅在大澤之南有高地及樹木居其林南，吉」《金》		
539		「宅在大澤之南有高地及樹木居其林北，凶」《金》		

門前吉凶：山丘

601	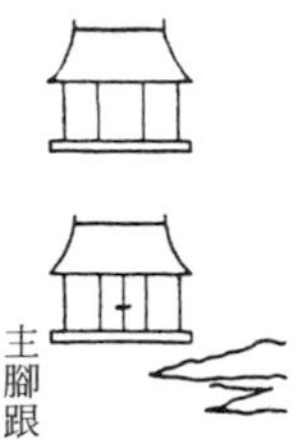	「青龍兩山隨，凶」 《十》家破匠賊	①門前左邊有兩山腳伸來 ②圖上有兩屋前者爲大門，後者爲廳堂 ③圖上有「主腳跟」三字其意不明。可做以下兩種解釋： ⑴「主」釋爲「應」，爲人體受損，凶事發生在腳跟， ⑵爲指此形勢之名稱	圖上廳堂之意思不太明顯，只表示門在堂前
602		「白虎兩山隨，凶」 《十》婦女被人迷，忤逆，二姓之家	①門前右道有二山腳伸來 ②圖上前有二門，後有一廳 ③圖上「患腳跟」三字，解釋同上 「患」字較「主」字更直接表示爲「應」之意	圖上之兩座門，意思不易明白，與圖實情不符，疑爲誤刻

603	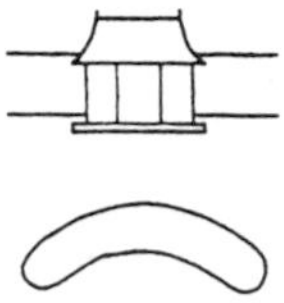	「明堂似牛軛，凶」 《十》為賊、疾病、少死	①門前為一牛軛形之山丘，「牛軛」；外彎形文，兩端較細	①以下各圖，原圖均有門房與圍牆，為節省圖幅，概略 ②自603～614為形意會為斷 ③以下圖形均以山丘之形釋之，因陽宅十書中另有塘形，但理論上說應可山水通用
604		「明堂似裙頭，凶」 《十》淫亂、孤獨，疾病	①裙頭，為女人之裙裾，故有淫亂之斷 ②圖象與裙頭有異	
605	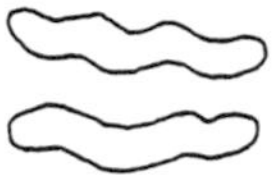	「明堂似蜒蚰，凶」 《十》雲遊，子孫禍	①蜒蚰為軟體蟲，善爬行，故為斷 ②圖有二蟲，僅為形之暗示，不應釋為必要	
606		「鵝頭、鴨頸在面前，凶」 《十》淫亂	①鵝、鴨之頸亦暗示男女，故為斷 ②圖有二頸均不確切象形，想為示意，二頸亦無必要	

607	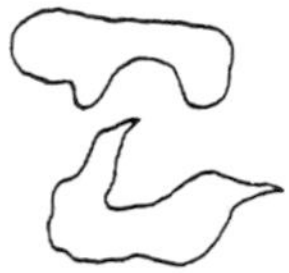	「此個山頭在面前，凶」 《十》風癱，淫慾 《陰》凶	《十書》中未指明此爲何象，似可解釋爲男女生殖器形	
608		「山如人舞在面前，凶」 《十》出瘋癲手足之災 《陰》凶	①類人之舞姿 ②此形亦與破軍形同，疑爲收集不同解釋之資料而得	
609		「拖尸之山如此，凶」 《十》縊頸 《陰》凶	此圖不分明，一尸形之山，上有一刀形之丘，與常情不合	
610		「大城左右不朝墳，鐮鉤返生樣爲凶」 《十》孤寡，敗事 《陰》凶	文意不明，疑有錯字。以圖形看易明，爲鐮狀山丘面宅	
611		「門前此尖砂，凶」 《十》投軍做賊，且有忤逆	①「砂」指小山 ②圖上文字多餘，可說明集書之來源甚雜	

612		「小石當門，凶」 《十》小口驚嚇 《八》亂石當門，煞 《全》大石當門，凶 《陰》凶	①文字多餘，但斷文中只有小石 ②明代以後，每書均有此忌	
613		「門前有大堆，凶」 墮胎、病、火災，《十》	①圖上有文字，與斷文不完全相同 ②圖上有兩土堆，故斷眼疾 ③斷文只有墮胎，大概爲僅有一堆之情形	可能爲兩圖併合
614		「面前生土堆，凶」 《十》墮胎，病患寡生災	①圖上文字說明爲土或石 ②其斷同上	
615	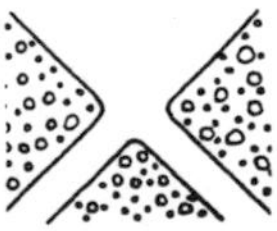	「面前凶沙」 《十》兄死弟亡	「沙」爲細砂	

616	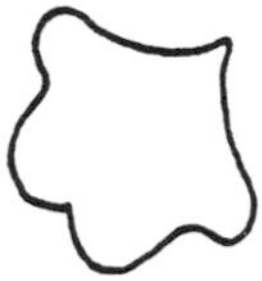	「明堂似祿存，凶」 《十》遭瘟，傷人	祿存爲土星之惡者，形方而不整。左圖之形不明確	以下四例爲以形家之凶星輪廓爲山形吉凶之斷，共所斷之根據亦同
617		「明堂似破軍星，凶」 《十》家落外死孤寡，二姓	破軍星爲金形之惡者，形圓而根破，左圖之形大致正確	
618		「文曲明堂在面前，凶」 《十》男少女多招郎納婿	①文曲爲波形 ②原圖下有蛾眉形，文中未提及，不可解。如依原斷文意，此圖應只有一文曲形，或爲二圖合一之誤，即文曲形、蛾眉形均有同樣之凶斷	

619		「明堂似廉貞，凶」 《十》腳疾、病死	①廉貞火星性凶，形似火，多尖 ②此圖似花瓣，顯爲不恰切之表示，應爲多尖腳之土堆	
620		「明堂三個角，凶」 《十》家疾人薄	三角形亦爲火形之一類	
621		「明堂三尖井四尖，凶」 《十》淹死、眼疾、腳疾	文中有三尖與井四尖四種含意，三尖與602同意，四尖爲井，此井之意不甚明顯，井或爲水井，或爲天井。既以形爲斷，二者均可適用	

門前吉凶：水塘

701	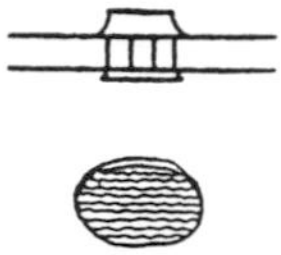	「黃泉破軍有塘，凶」 《十》主小兒藥水 《全》同前 《八》凶	黃泉水： 庚丁向，坤爲黃泉；乙丙向，巽爲黃泉；甲癸向，艮爲黃泉；辛壬向，乾爲黃泉；相對亦然（見《八宅明鏡》）	①此一圖與文不合。黃泉方不一定爲門之前方 ②以下各圖均爲門前之忌
702		「此個明堂，凶」 《十》寡娘，墮胎	此表示明堂有一圓塘	①圓形在門前，不論爲何物，均有墮胎之斷 ②門前不許門塘《十》《全》門口水坑，家破伶仃《十》《全》故開塘不論何形均不吉
703		「明堂此塘在面前，凶」 《十》喪禍源，寡婦多		目形水塘，爲淚水之意
704		「明堂塘斜側尖，凶」 《全》主寡母重喪	原無圖 意思與703近似	

705		「面前退神插明堂，凶」 《十》兒孫少亡，田財賣盡	「退神」之意不詳，似爲斜水、胎水	
706	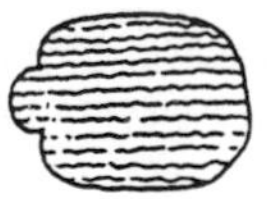	「明堂似芒搥，凶」 《十》出寡母少年外死	「芒搥」，或爲古代搥草之工具	
707		「前門有塘似豬肚，凶」 《全》主女偷和尙	原無圖 其斷亦不明	
708	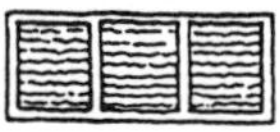	「此塘當面前，凶」 《十》代代癆疾	似爲築造之方形池塘	

709	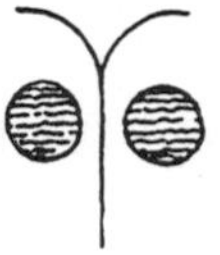	「門前兩口塘，凶」 《十》爲人哭泣，常病 《八》《全》	圖上之細線爲何意不明，有字似「圳」，則細線可解釋爲土溝	門前有塘多斷爲哭泣，爲主人早喪。一、二、三塘均然
710		「門前二塘及三塘，凶」 《十》孤子寡母 《全》	圖上原有五塘，但視其斷文，應爲二或三塘	
711		「門前水分八字圖，凶」 《十》淫，離鄉，田園賣盡	水如圖，但水間之屋，不解。疑爲畫工之誤。應水在門前	
712		「前面水路及返飛行，凶」 《十》瘸跛，孤兒，亂淫，家離	水如圖，但門前設廚，爲不可解，疑原圖刻於門前爲畫工之誤	

713	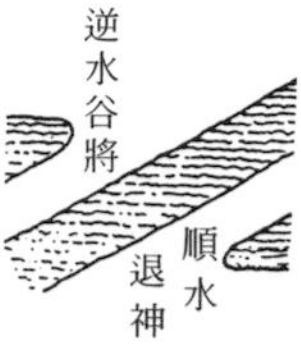	「逆水廉貞爲谷將，順水廉貞爲退神，凶」 《十》出人狡猾	斜水之兩側再有水塘，左爲順右爲逆，分別爲退神與谷將。	退神，谷將疑爲古代之「勾陳、縠將」，爲「八將」之二。退神之另一解釋見梁湘潤著《堪輿辭典》
714		「門前玉帶水，吉」 《十》榮顯富貴		①此爲門前僅有之吉兆 ②爲風水系統理論之一部分
715		「屋後有塘，凶」 《十》換妻，官訟，多病，少亡		屋後有水亦凶
716		「前後有塘，凶」 《十》兒孫代代少亡 《全》《陰》		凶上加凶，702＋715

門前吉凶：樹木

801		「祿存重樹在門前，凶」 《十》二房暗啞，傷殘，遭瘟 《八》「不宜」	「祿存」爲九星之一位，以門向或山向決定，爲一變數，此處指「祿存」與「門前」二者，似有矛盾，故《八宅明鏡》上僅指祿存向	①一般說來，門前有樹均不宜。其斷則據其形而意會之 ②801～804爲指九星之方向有樹時所忌，原圖雖畫在門前，似沒有必要的關係
802		「縊頭之樹藤纏，在祿存方凶」 《十》口舌遭瘟 《全》主吊縊鬼	圖文仍不符 藤纏與「祿存」方向，復有門前(見圖)，似爲三個條件。《大全》中僅指藤纏一個條件	此樹僅以形象即可斷，爲後世所通用，其斷亦以《大全》者爲普遍
803		「破軍方位腫樹頭，凶」 《十》生離外死不思歸	仍有三條件，一爲「破軍」方，腫樹頭，一爲門前，疑爲腫樹頭在門前或在破軍方均不利	腫樹頭原爲國人所喜愛，此處可見風水禁忌與文人間的分別
804		「黃泉、破軍有藤樹，凶」 《十》干連官事，姦盜	黃泉、破軍均爲相關方向，「黃泉」701註，「破軍」爲九星之一，爲變數，餘同上討論	藤樹之意義見802討論

805		「妖怪之樹在文曲方，凶」 《十》淫亂	「文曲」亦爲九星之一，爲一變數，其條件與討論見802、803，即門前之妖怪樹文曲方之妖怪樹均凶	妖怪樹亦爲文人所喜之變化之古樹
806		「怪樹腫頭、腫腰在門前，凶」 《十》淫亂病、癆瘵	圖所畫爲柳樹，文中未提其忌，但視其斷文，柳樹顯然爲一因素 《全》門前垂楊凶	①以下至815，均爲門前之樹，以樹形斷吉凶 ②樹形斷參考803 ③其斷文不同，顯與柳有關，柳爲文人所喜，然主淫亂
807		「此樹門前，凶」 《十》忤逆，兄弟相打	文中未提此樹之特徵，但視圖形，似爲兩主支，一高一低，相互對抗	
808		「此樹在門前，凶」 《十》招募二姓居，血財盡遭瘟	文中亦未提特徵似分爲一高二低之三支	

809		「門前二等樹，凶」 《十》二姓同居 孤翁寡母	二等樹，同樣大的兩株樹	
810		「門前鬼怪樹，凶」 《十》盲聾暗啞 多疾，愚 怪人欺	參考805、806，二樹似非必要，樹形古怪即構成忌斷	見805註
811		「門前空心大樹，凶」 《十》凶，婦人 癆病		見805註
812		「門前有此寒林，凶」 《十》瘟疾，怪 物入門 《八》有深林， 怪物入門	「寒林」爲山水畫中習用之字眼，寒有蕭條之意，無人出入，故應怪物。圖中有二屋，與文不合，顯爲受國畫之暗示	805註均爲風水禁忌與文人觀念之區別
813		「離鄉之樹頭向外，凶」 《十》落水徒配， 身疾遭鬼		樹木生長之情形亦爲吉凶之兆

814		「獨樹兩枝衝上天，凶」 《十》官事牽連		同上，爲生長之形態
815		「獨樹無破相，凶」 《十》孤寥、換妻無兒女 《全》獨樹爲兩姓同居		無破相之獨樹亦凶，可謂無不凶之樹，故《陽宅大全》直截說「大樹當門，凶」不必計較是何形狀
816		「竹木倒垂在水逆，凶」 《十》小兒落水有疾災		參考柳樹之忌806
817		「門前樹木枯朽，凶」主疾病《全》	原書無圖	對枯木之禁忌亦爲重生氣之觀念，以生長昌盛者爲吉，參考805、810、811、812
818		「門前樹植下大上小者，凶」 《全》足疾	原書無圖	

819		「此屋若在大樹下，凶」 《十》孤寡人丁，瘟疾交加	①原文不通，意爲大屋下建屋，凶 ②圖亦難解，兩屋一爲廳，一爲門乃泛指一般住屋 ③似仍指門前之樹而言	
820		「樹廟門前，凶」 《十》瘟疫，少死，官事非多	門前有廟，有樹	有樹亦凶，有廟亦凶 《金》神社對門，凶 《八》住屋前後有寺廟，凶
821		「獨樹孤峰如頂笠，凶」 《十》出僧道尼姑，更瘟疾忤逆爭鬥	此爲自門向外看到之景觀，孤峰爲一高山，在遠處，爲笠一樣罩在獨樹之上	

門前吉凶：道路

901		「大路衝屋，凶」 《十》家主殘亡， 暗箭射人 《全》「嶺巷、大 路直射堂， 凶」打死在 他鄉		參考302 以下圖均在門前
902	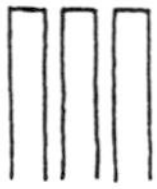	「門前有路川字 行，凶」 《十》破財死傷 官訟 《全》遭盜，口 舌		
903	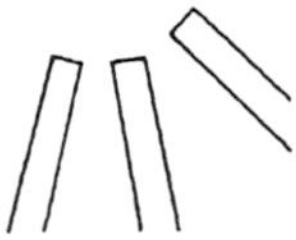	「眾路沖門，家 喪老翁，凶」 「前門有五路而 斜欹者凶」 《全》家失老翁， 孤寡多疾	原書無圖	
904	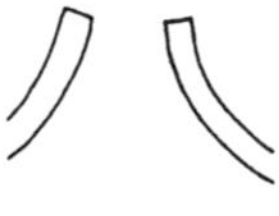	「門前若有八字 路，凶」 《全》出悖逆子， 破財		八字形凶，不論爲道 路，或水流

905		前面若行之字路，吉」 《十》財穀多 《八》富貴	兩書均列有蚯蚓路，癆疾，但未說明何爲蚯蚓路，疑爲見尾者	之元，之玄爲形式風水之吉形，故爲吉。止水爲路、水通用之吉形
906	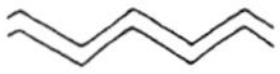	「文曲路在門前，兒孫出外發富，然直去不回」 《十》半吉《全》	「文曲路」之原意不明。或爲圖中庭園喜用之道路	
907		「若見田塍如此，凶」 《十》自縊外死 《全》自縊外死 《陰》凶	圖不甚明白，田塍應爲小徑之一種。現實情形中少見	
908	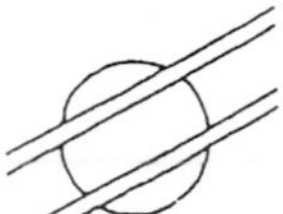	「此路在門前，凶」 《十》自縊 《全》自縊外亡	同上。 圓圈爲何不知，或爲土丘	
909	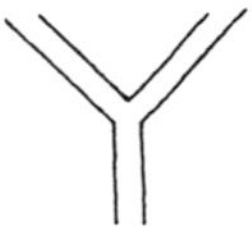	「交路夾門，凶」 《十》人口不存 《全》同	無圖 推斷爲叉路在正面的意思	

910		「門前水、路捲向前，凶」 《十》淫亂	包括水、路兩者	此爲風水之通例環抱爲吉，反背爲凶
911	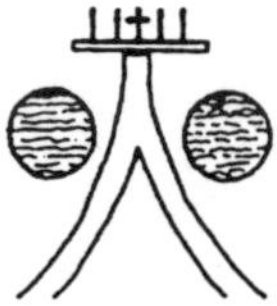	「門前有路是火字，兩邊有塘，凶」 《十》年少死	塘加路	參考709 二塘爲凶
912	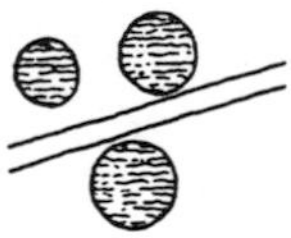	「有三塘，而路斜欹其中者，凶」 《全》孤寡多疾	原無圖	三塘亦爲凶

門前建築

1001		「停喪破屋在門前，凶」 《十》官訟，血財盡死		門前建物均凶，建物之不潔者尤凶《全》 類似者，門前有糞屋，屋主癱瘓，有空屋，牢獄災
1002		「門前有小屋，凶」 《十》官訟，凶禍 《全》同	「夾合」二字表示小屋與大門相夾，別無他意	見上
1003	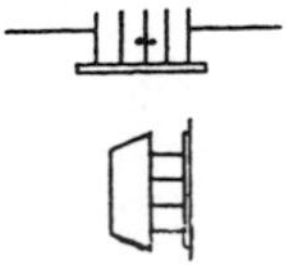	「門前有直屋，凶」 《十》家無餘穀 《全》	「直屋」應指垂直相向者 原無圖	山墻衝
1004		「墻頭衝門，凶」 《全》當被人論		墻頭衝此墻爲圍籬亦同 《全》凶媳罵公
1005		「小屋孤，三兩交，凶」 《十》寡婆招贅，眼疾	此圖甚不可解，就圖文看或可解釋爲小屋與孤峰相組合而重複二、三次，而均在門前	

國家圖書館出版品預行編目資料

風水與環境／漢寶德著；初版，──台北市：
小異出版：大塊文化發行，2006【民95】
面： 公分・──（有解系列；1）
ISBN 986-82174-1-5（平裝）

1. 勘輿

294　　　　95505596